# 反哲学史

木田　元



講談社学術文庫

# 目次

反哲学史

# 反哲学史

# はじめに

## 反哲学史

「反哲学史」というのは、いかにも奇妙な表題です。いったいこれは、哲学に対抗する反哲学の歴史（つまり「反哲学‐史」）という意味なのか、それとも哲学史への「反《アンチ・テーゼ》」（つまり「反‐哲学史」）という意味なのかと問いつめられそうです。しかし、私の念頭にあるのは、そのどちらでもありません。この本での私のねらいは、哲学をあまりありがたいものとして崇めまつるのをやめて、いわば「反哲学」とでもいうべき立場から哲学を相対化し、その視点から哲学の歴史を見なおしてみようということであり、このねらいを表現するのに、私には「反哲学史」という表題がぴったりしているように思えました。ですから、ここで考察されているのは通常の哲学史なのですが、それを反哲学という立場から見てみようというだけのことです。それにしても、「反哲学」という言葉からして耳なれない言葉にちがいありません。これは次のような由来をもつ言葉なのです。

一般に今世紀の哲学者たちは、奇妙な話ですが、自分たちのおこなっている思想的営みを「哲学」と呼ぼうとはしません。彼らが目指しているのは、むしろ「哲学の解体」なのです。つまり、彼らは「哲学」というものを「西洋」と呼ばれる文化圏におけるその文化形成の基本的原理とみなし、この西洋独自の思考様式を批判的に乗り越えようと目指しているわけです。昔マルクスが、資本主義的生産様式の乗り越えをはかり、その経済構造の分析を企てる自分の仕事を、「経済学」とではなく――なぜなら、彼の考えでは「経済学」はそれ自体資本主義的経済構造に即して成立したものなのですから――、「経済学批判」と呼んだのと同じような意味合いで、今世紀の哲学者たちも「哲学批判」を企てているのだ、と言ってもよいと思います。

たとえば今世紀のドイツの哲学者――話がややこしくなるので、ここでは思想家と呼ぶことにします――ハイデガー（Martin Heidegger, 1889―1976）は、自分の思想的営為を、哲学というこれまでの知を解体し、この知によって蔽《おお》い隠されてきた原初の存在へ想いを返すこと、つまり「存在の回想」と呼んでいます。今世紀フランスの思想家メルロ＝ポンティ（Maurice Merleau-Ponty, 1908―1961）も、同じような動機からその思想的営為を「否定哲学《ネガティヴェ・フィロゾフィ》」とか「非哲学《ノン・フィロゾフィ》」とか「反哲学《アンチ・フィロゾフィ》」とかと呼んでいます。最後の「反哲学」という言葉には、一九五〇年代初頭にイヨネスコとかベケットの演劇活動に与えられた「反演劇《アンチ・テアートル》」という呼び名や、やはり一九五〇年代後半にサロートやロブ＝グリエ、ビュトールといったフランスの作家たちの文学的営為に与えられた「反小説《アンチ・ロマン》」という呼び名が反響しています。この「反演劇」や「反小説」は、十九世紀に成立した近代演劇や小説という芸術様式を解体しようという企てでしたが、「反哲学」も——規模ははるかに壮大ですが——西洋二千五百年の文化形成を導いてきた「哲学」という知の様式を解体しようとする企てなのです。やはり現代フランスの思想家ジャック・デリダ（Jacques Derrida, 1930— ）も、自分の思考作業を「哲学の解体《デコンストリユクシオン》」と呼んでいますが、目指しているのは同じことです。

## 「哲学」とは何か

すでにお分かりでしょうが、今世紀の思想家たちは、「哲学」というものをどの文化圏にも、どの時代にもあるような普遍的な知の在り方と見るのではなく、これを「西洋」という文化圏に特有な、しかもその西洋においても——たとえそれがどれほど永い期間であるにしても——ある特定の歴史的時代に特有な知の在り方と見ているのです。こう言うと、しかし「インド哲学」も「中国哲学」もあるではないかと反論したくなる方がおられるかもしれません。だが、この「インド哲学」「中国哲学」というのは、実は西洋人のつくった呼び名なのです。いわゆる植民地主義の時代に西洋人がインドや中国に出かけていって、そこに自分たちが「哲学」と呼んでいるものと似た知の様式のあることに気づき、これに「インド哲学」「中国哲学」という名前を与えたのです。つまり、彼らはヨーロッパ文化のなかで成立した文化のカテゴリーでインド文化や中国文化を割り切ろうとしたわけです。その意味では、これらの言葉は西欧中華思想の所産にほかならないことになります。今世紀の思想家たちは、こうした反省の上に立って、「哲学」を西洋という文化圏の特定の時代に成立した特殊な知の様式、そしていつの日にか——それがいつであるかはともかく——乗り越えられねばならない、したがって乗り越えられる可能性のある知の様式と考えているのです。このような意味で「哲学批判」「哲学の解体」を目指す現代の思想家たちの基本的志向を、私は「反哲学」という概念に要約しようと思っているのですが、こうした「反哲学」の立場からふりかえってみれば、哲学の歴史も当然これまでとは違って見えてくるにちがいありません。

これまで「今世紀の思想家」という言い方をしてきましたが、哲学や哲学史についてのこうした見方を最初に表立って提起したのは、実は十九世紀の後半に生きたニーチェ（Friedrich Wilhelm Nietzsche, 1844—1900）なのです。彼はこうした見方をごく大まかに粗描してみせただけですが、それは実に革命的なものでした。今世紀に入ってから、その見方を継承したハイデガーが、それをもっと細部にわたって精緻《せいち》に仕上げました。少し視角は違いますが、メルロ＝ポンティやデリダも、どこかでニーチェやハイデガーを意識しながら、ほぼ似たような哲学史の見方をしています。この人たちの手で、哲学史へのまったく新しい視角が開かれたわけです。

## 新たな哲学史の構想

いったいにこれまで日本で書かれた哲学史は、一つの基本的枠組を踏襲してきました。そのため、この枠組が古今に通じて妥当する普遍的なものであるかのように信じられてきましたが、これは間違いです。この枠組は、実は日本人が西洋哲学を本格的に学びはじめた十九世紀末から今世紀初めにかけてたまたまヨーロッパで支配的だった見方にすぎないのです。この枠組をつくりあげたのは、当時ヨーロッパでもっとも充実

ハイデガー

した哲学の研究を進めていた新カント派の人たちなのですが、彼らにしても時代の限定を受けないわけはありません。この時代、ヨーロッパでは産業革命が強力に推し進められ、工業化と都市化が進行し、植民地からの収奪を基盤に豊かなブルジョワ社会が形成されました。一八七一年の普仏戦争の終結から一九一四年の第一次大戦勃発までのおよそ半世紀間、ヨーロッパは世界史の上でもめったにない安定期を享受します。この時代を生きたツヴァイクという作家が、「この安定した社会が永遠に続くかに思われた」と述懐していますが、そうした時代だったのです。当然、ヨーロッパ文化がもっとも進歩した文化であり、他の文化圏も遅ればせながら、これを目指して追いかけてくるのだという進歩史観と西欧中華思想の上に立ったきわめて楽天的な世界史の構図が描かれることになりましたが、新カント派の哲学史もこの世界史の構図によって強く規定されています。そうした世界史の構図は、今世紀に入ると二次にわたる世界大戦の過程でその欺瞞性《ぎまんせい》をあばかれることになりますが、すでに十九世紀の七、八〇年代にニーチェはそれを見ぬいていました。当然、彼の眼には哲学の展開の歴史もまったく違って見えていたのです。私はいま、このニーチェによって粗描され、ハイデガーやメルロ＝ポンティによって継承されたその新しい哲学史観に従って哲学の歴史を見なおしてみようと思っているのですが、ここで描くのは、これまたよくよく大まかなデッサンでしかありません。私はこれだけが唯一正しい見方だと主張するつもりはありませんが、これが少くとも一つの作業仮説としてはきわめて有効なものだと思っています。

## 「反哲学」の立場

私はかなり以前から、いわば西洋文化形成のイデオロギーであった哲学を日本で勉強することの――滑稽さとは言わないまでも――ある種の奇妙さを感じていましたが、この「反哲学」の立場に立ってみれば、われわれも西洋人と同じ土俵でものを考えることができそうだと思うようになりました。「反哲学史」という表題には、そんな意味もこめられているのです。私のこの反哲学史は十九世紀末までで終わっています。これに続く二十世紀については、講談社学術文庫に入っている『現代の哲学』をお読みいただきたいと思います。この本はもともとこの『現代の哲学』につなげようというつもりで書いたものなのです。

はじめから面倒な話をすることになりましたが、この「はじめに」は「反哲学史」という本書の奇妙な表題の意味を明らかにしておこうとして書いたものであり、一種の言いわけにすぎません。これはあまり気にせず、本文をお読み下さい。もともとこの本は、私が中央大学文学部の一般教養科目「哲学」でおこなってきた講義のノートをもとに書かれたものであり、哲学への——話がややこしくなりますが、「反哲学」という視点をもふくめた広い意味での哲学への——入門書・案内書のつもりなのです。したがって、哲学史といっても、よくよくその大筋だけを追い、「哲学」と呼ばれてきた知の本質を浮かびあがらせることに意が向けられています。細部はむしろ意識的に無視し、重要なところをバランスを失してまでしつこく追求したのも、右のような意図からです。難しいということになっている——そして、実際かなり難しいものであるにちがいない——哲学を少しでも分かりやすく説き明かしてみようという私の意図がうまく達成されているとよいのですが。

# 第一章　ソクラテスと「哲学」の誕生

## 「哲学」という言葉の由来

問題は「哲学」とは何であったかということですが、これを考える手がかりとして、「哲学」という言葉がいったいどのようにして生まれてきたかを考えてみましょう。といっても、問題になるのは「哲学」というこの日本語ではありません。この言葉は、のちに見るように、明治の初めに妙ないきさつでつくられた翻訳語で、その直接の原語は英語のphilosophyです。しかし、英語のこの言葉も、ドイツ語のPhilosophie、フランス語のphilosophieも、実は古代ギリシア語のphilosophia《フィロソフィア》の音をそのまま写したものにすぎません。つまり、「哲学」という言葉の大本はギリシア語のphilosophiaなのであり、これがどのようにして成立した言葉なのかを考えてみれば、「哲学」が何であったかも幾分分かるにちがいありません。ところで、このギリシア語のphilosophiaが——形の上からいうと——philein《フィレイン》（愛する）という動詞とsophia《ソフィア》（知恵ないし知識）という名詞を組み合わせてつくられた合成語であり、したがって、これはもともとは「知を愛すること」つまりは「愛知」という意味だということ、そしてこの言葉を最初に使ったのがソクラテス（Sokrates, B.C. 469頃—399）だということも、すでにご存知の方が多いと思います。

しかし、このphilosophiaという言葉は、これを「知を愛すること」と訳してみても「愛知」と訳してみても、どうも不自然な感じをまぬがれません。つまり、われわれが日常生活のなかで普通にものを考え、話し合っているかぎり、こんな妙な言葉を使うようなことはほとんどなさそうに思えるのです。それは、ギリシア語以外のいかなる言語にもこれにあたる言葉がないということによっても裏づけられます。もし自然な言葉なら、ほかの言語にも同じような言葉が生まれてくるはずです。古代のギリシア人といっても、われわれとそう違った生き方をしていたわけではなさそうですが、なぜ彼らのもとでだけこうした言葉が生まれたのでしょうか。

いろいろ調べてみますと、どうも古代ギリシア人のもとでも、これはそう自然に生まれてきた言葉ではなく、かなり不自然な意図のもとにつくられた言葉らしいことが分かります。それも、「愛知《フィロソフィア》」という抽象名詞がいきなりつくられたわけではなく、それにはそれなりのいわば前史があり、それを考え合わせてみると、こうした妙な言葉がつくられたわけも、幾分納得がいくように思われます。この言葉は最初

philosophos《フィロソフォス》（「知を愛するところの」、「ものを知りたがる」、「知識欲の旺盛な」）という形容詞のかたちであらわれてきました。これにしたっておかしな形容詞ですが、これは、ギリシア語に古くからあった philarguros《フィラルギュロス》, philotimos《フィロティモス》という形容詞に語呂を合わせてつくられたようです。この philarguros, philotimos の phil——, philo——の部分はいずれも philein（愛する）に由来するものですが、philarguros の arguros《アルギュロス》は「銀」、つまり当時の通貨のことであり、したがって philarguros は「お金に貪欲な」という意味になりましょうし、philotimos の timos《ティモス》は timē《ティメー》（名誉）から来ており、したがって philotimos は「名誉欲の強い」という意味になります。こうした言葉に語呂を合わせて philosophos という形容詞もつくられたわけです。一般にインド・ヨーロッパ系の言語では、形容詞に定冠詞をつけるとその性質をもった物や人を意味することになります。このばあいも、たとえば男性の定冠詞 ho《ホ》をつけ、ho philarguros となれば「お金に貪欲な人間」つまり守銭奴という意味になり、ho philotimos となれば「名誉欲の強い人間」という意味になりますが、商人のように金銭を愛する者 ho philarguros や、軍人のように名誉を愛する者 ho philotimos に対して、知識を愛する人間が ho philosophos と呼ばれたわけです。例のピュタゴラス学派（実際には宗教団体だったわけですから、ピュタゴラス教団と言うべきでしょう）の創始者ピュタゴラス（Pythagoras, B.C. 582―497、このあたりの年代はすべて推定）が、世の中にはこうした三種類の人間がおり、自分はそのうちの「知識を愛する者《ホ・フィロソフォス》」なのだと言った、と伝えられています。

次いで、紀元前五世紀の歴史家のヘロドトス（Herodotos, B.C. 484―425）がこの言葉をphilosophein《フィロソフェイン》（「知を愛する」）という動詞の形で使っています。ペルシア戦争の歴史を書いた彼の著書『歴史《ヒストリアイ》』のはじめの方（第一巻第三〇節）に、アテナイの賢人ソロン（Solon, B.C. 640―560）が、当時小アジアにあったリュディア王国の首都サルディスの宮殿を訪れ、リュディア王クロイソスと問答する場面が描かれていますが、そこにこの言葉が出てきます。クロイソス王はソロンを手厚くもてなし、「あなたは多くの国々をphilosopheinしつつ（知識をもとめつつ）旅行し視察して歩かれたということであるが、どんな人間よりも幸福な人間にこれまで会ったことがあるかどうか、うかがいたいものだ」と尋ねるのです。このphilosopheinという動詞をphilosophia（「知を愛すること」ないし「愛知」）という抽象名詞のかたちに変えて使ったのが、ソクラテスなのです。こんなふうにその由来をたどってみると、なぜこうした妙な言葉がつくられたかということもいくらか納得できるのではないかと思いますが、それにしてもやはり「愛知《フィロソフィア》」という抽象名詞は、いかにも不自然な感じです。

## ソクラテス

そして、事実ソクラテスまでくると、同じ「知を愛する」といっても、その意味がそれまでとはがらりと変わり、ずいぶんひねったものになってきます。つまり、ピュタゴラスやヘロドトスのもとでは、「知を愛する」といっても、それはただ漠然と「知的好奇心が強い」とか「知識欲が旺盛な」という程度の意味だったのですが、ソクラテスはこの言葉をはっきり限定した特殊な意味で使おうとするのです。それがどういう意味かを考える前に、まずソクラテスがどういう人であったかを簡単にみておきましょう。

ソクラテス

ソクラテスは、第二次ペルシア戦争終結直後の紀元前四六九年頃にアテナイに生まれ、ご存知のようにペロポンネーソス戦争終結後間もない前三九九年に裁判にかけられ死刑にされました。彼自身は、語られる言葉だけが真に生きた言葉であり書かれた言葉は死んだ言葉だという信念から、生涯一冊の本も書かなかったのですが、当時のアテナイでも相当に問題的な人物であったらしく、生前のソクラテスを見知っていた同時代者のなかでも幾人ものの人が彼のことを書きのこしてくれていますから、彼の生涯の事績についてはわれわれもかなりよく知ることができます。いや、「かなりよく」どころか「必要以上によく」と言うべきかも知れません。というのも、それら幾人かの人がわれわれに描いてみせてくれるソクラテス像がまったくさまざまで、とうてい同じ人物を描いているとは思われないほど相互に食いちがっているからです。

## アリストパネス・クセノフォン・プラトンのソクラテス像

たとえばその一人、当代の大喜劇作家アリストパネス（Aristophanes, B.C. 445—385）がその作品『雲』のなかで描いてみせているソクラテスは、「思索道場《プロンテステイリオン》」という怪しげな学校の主宰者で、「金を払いさえすれば……正しいか正しくないかいずれにせよ、議論に勝つ術を教えてくれる」いかがわしい人物です。この『雲』は前四二二年三月の大ディオニュソス祭に上演されたと記録にありますから、これは四十代のソクラテスをモデルにしたとみてよいでしょう。当時の喜劇は、まったくの創作ではなく、とにかく実在する人物や事件を取り上げ、これを誇張して描いてみせる、そのひねり方にいわば作家の腕がかかっていたようですから、四十代のソクラテスが——どういう意図からであったかはともかく——そうしたソフィストまがいの生活をおくっていたということも考えられないではありません。

ところが、ソクラテスの晩年の弟子の一人であるクセノフォン（Xenophon, B.C. 430—354）が『ソクラテスの思い出《メモラビリア》』に描いているソクラテスとなると、これはまったく趣《おもむき》を異にして、謹厳実直《きんげんじっちょく》、快楽の度を越してはならないといった世にも陳腐《ちんぷ》な教訓ばかり垂れているお爺さんです。クセノフォンはアリストパネスやプラトンのような芸術家とは違って、文章がうまいというだけが取柄の愚直な軍人でしたから——彼がペルシアの内乱に傭兵として参加したときのドキュメント『アナバシス』は古来文章のお手本にされてきました——、案外、彼の描いたソクラテスこそがほんとうに生きていたがままのソクラテスの姿を伝えているのではないかと見る人もいるのですが、もしソクラテスがほんとうにこんな人だったのなら、なぜ彼が死刑にまでされなければならなかったのか、理解できないことになります。才気に溢れた会話を好んだアテナイ市民たちは、きっとあまりつまらないことばかりいうこの退屈なソクラテスの口をふさごうとして死刑の判決を下したのだろうなどと、ある口の悪いイギリスの哲学者が言っているくらいです。

ところが、このクセノフォンと同世代で、やはり晩年のソクラテスに師事したプラトン（Platon, B.C. 427―347）の手にかかると、同じソクラテスが、それこそ「神のようなソクラテス」になります。ご存知のように、プラトンの著作は、そのほとんどすべてがソクラテスを主役ないし狂言廻しとする対話の形式で書かれており、「対話篇」と呼ばれています。もっとも、その二十七の対話篇に登場するソクラテスがすべてあの生きていたソクラテスそのままだというわけにはいかず、プラトンが四十歳あたりから後に書いた対話篇に出てくるソクラテスは、いわば著者プラトンの代弁者でしかないように思われるのですが、しかし、ソクラテス刑死の直後から四十歳になるまでのあいだに書かれた十五篇の初期対話篇、いわゆる「ソクラテス的対話篇」は、師のソクラテスの在りし日の面影を後世に伝えようとして書かれたものにちがいなく、これはソクラテスを知るための第一級の資料とみなされています。そのなかには、ソクラテスが最後の裁判でおこなった自己弁明の演説という体裁で書かれた、有名な『ソクラテスの弁明』などもふくまれていますが、そこに登場するソクラテスは、実に辛辣《しんらつ》な皮肉をとばすかと思えば深い思いやりにも溢れ、思慮の深い生きいきとした対話を人びとと交しています。ただ、著者のプラトンがあまりにもすぐれた芸術的資質の持主であるだけに、彼の描いたソクラテスは、極度の芸術的彫琢《ちょうたく》を受け、実際にあった以上にいわば美化されているのではないかという嫌疑をしばしばかけられてきました。

こんなふうに、実際にソクラテスを見知っていたはずの人たちでさえも、各人各様のソクラテスを描いてみせるほどですから、その他、後世の伝承をもふくめた資料のなかから真のソクラテス像を探り出すというのは容易な仕事ではなく、古来「ソクラテス問題」は多くの哲学者を悩ませてきた難問の一つなのです。今挙げた書物は、その翻訳がどれも簡単に入手できますから、それらを読んで読者もそれぞれ自分なりのソクラテス像を描いてごらんになるとよいと思います。

## ソフィストへの挑戦

ところで、こんなふうにソクラテスは実に謎めいた人物ではあるのですが、そうはいっても、やはりこれらの資料から、彼に関していくつかのことは確かな事実として認めることができます。たとえば、彼が後半生仕事らしい仕事は何もせずに、もっぱらソフィストたちとの論争に日を送ったということは、確かなことのようです。「ソフィスト」という言葉は、例の「フィロソフィア」の「ソフィア」（知恵・知識）と同根で、「知識人」とか「学者」といった意味なのですが、当時のアテナイにはこのソフィストと呼ばれる一群の人たちが横行し、金持ちの子弟に高い月謝をとって弁論術、というよりはむしろ詭弁《きべん》術のようなものを教えていました。今日でも、たとえば英語にsophisticate（「詭弁を弄《ろう》する」）などというあまりよくない意味の言葉が残っていますが、明らかにこれはこの「ソフィスト」に由来するものです。

もっとも、彼らにしてもはじめからそうした詭弁術のようなものだけを教える悪役であったわけではなく、もともとはペルシア戦争の結果衰微したイオニア地方（エーゲ海をへだてたギリシアの対岸、つまり小アジアの西海岸――この地方は、古くからギリシア人が移住し、文化的にはギリシア本土よりも先進地帯でした）や、やはり同じ頃カルタゴとの紛争のため衰えはじめていたマグナ・グレキア（南イタリアとシシリー島を総称して「大《マグナ》ギリシア」と呼んでいました）から亡命してきた知識人たちであり、因襲的なものの考え方を脱した普遍的教養を身につけ、当初は啓蒙的な役割を果たしていたのですが、時代が下るにしたがって次第に弁論術や、ついには詭弁術の教師になっていきました。

アテナイのような民主主義の過度に発達したポリス（都市国家）では、選挙に勝つためにも、また法廷で身を守るためにも（当時のアテナイの法廷では、原告・被告が直接自分で弁論を戦わさなければならなかったのです）、弁論術に長じている必要があり、そうした需要がソフィストたちを弁論術の教師、さらには詭弁術の教師に変えていったという事情もありそうです。ソクラテスは、ポリスの市民がそうした詭弁を弄してまで自己の個人的権利を主張し、民主政治が過度に発達して衆愚政治と化すことによって、ポリスは精神的共同体としての統一性を失うと考えたのでしょう。そこで、いわば民主政治の思想的指導者《イデオローグ》ともいうべきソフィストたちに敢然と挑戦することを、おのれの義務と考えました。例の「愛知《フィロソフィア》」という抽象名詞も、この挑戦のなかでもち出されてくるのです。

## 「愛知」

ところで、前にソクラテスが「知を愛する」ということに、それ以前のピュタゴラスやヘロドトスとはまるで違った特殊な意味をもたせたと言いましたが、いったいそれがどういう意味なのかをここで考えてみましょう。ソクラテスの考えでは、知を愛するというばあいのその「愛」は、たとえば男が女を愛するというときの愛、つまり「エロース」とまったく同じものなのです。そして、このエロースに関して、彼は独特の考えをもっていました。プラトンの対話篇の一つ『饗宴』に登場するソクラテスは、そこでこの独自の愛の論理を展開してみせていますが、それによれば、愛するということは必ず何かを愛することであり、その愛の対象をわがものにしようと欲求することにほかなりません。ということは、愛している者は、その愛の対象をまだ自分のものにしていないということであり、逆に言えば、自分のものになっていないからこそ、なんとかそれを自分のものにしようとして欲求するわけです。知を愛するというばあいも同様で、愛知者《ホ・フィロソフォス》はまさしく知をわがものにせんと欲求するわけですが、そのかぎり彼はまだ知を所有していないことになります。知を所有していないということは、無知ということにほかなりません。

とすると、愛知者とは無知なる者だということになります。もっとも、ここで無知といっても、それはけっしてバカだということにはなりません。バカは自分がバカだということさえ知らないほどにバカであるのが普通ですが、愛知者はおのれが無知であることを知っており、それを知っているからこそ、その自分に欠けている知をなんとかわがものにしようと愛し求めるものだからです。こうして、ソクラテスによれば、哲学《フィロソフィア》とは、「無知の知」、つまりはおのれの無知の自覚の上に立って知を愛し求めることであり、哲学者《ホ・フィロソフォス》とは、それが愛知者であるかぎり無知なる者にとどまる、ということになります。

それにしても、この考え方にはどこか不自然なところがないでもありません。と言いますのは、この論法でいくと、すでに知を所有している者はもはや知を愛し求めることはないわけですから、哲学者は、それが愛知者でありつづけるかぎり、けっしてその求める知をわがものとして所有するにはいたらず、ただそれを空しく渇望するにすぎないということになるわけですが、しかし、われわれは、たとえば「愛酒家」というばあい、現実には一滴も酒を飲まないで、ただ空しく酒に憧《あこ》がれている人間を考えるものでしょうか。これはヘーゲル（Georg Wilhelm Friedrich Hegel, 1770―1831）が『哲学史講義』のなかのピュタゴラスについて論じた章でもち出してくる一種のソクラテス批判なのですが、彼によれば、愛酒家というばあい、われわれは普通酒に浸りきっている人間を考えるものだが、それと同様に、愛《ホ・フィロソフォス》知者というばあいにも、むしろ知に浸り、現実に知を所有している人間を考えるほうが自然だろう、と言うのです。たしかに、愛知《フィロソフィア》についてのソクラテスの考えには不自然なところが感じられます。しかし、そうした不自然な考え方をソクラテスがあえてもち出してきたのには、それなりの理由がありました。つまり、彼はみずからを愛知《ホ・フィロソフォス》者と規定することによって、ソフィストとの論争において絶対に敗れることのない立場を確保しようと思ったのです。では、なぜ愛知者の立場は絶対不敗なのでしょうか。

## ソクラテスのアイロニー

それは言うまでもありません。みずから知識人と名乗るソフィストと、無知を標榜する愛知者《ホ・フィロソフォス》とが論争をするとすれば、愛知者《ホ・フィロソフォス》には何一つ答える義務はなく、答えなければならないのは、もっぱらソフィストだということになります。愛知者《ホ・フィロソフォス》はただ質問をし、それに対するソフィストの返答を吟味しさえすればよいわけです。しかも、当時のギリシアには問答に一種のルールがあり、答える方は、質問者が提出した質問に対してなるべく簡単にイエスかノーかで答えなければならないことになっていました。こうなれば勝負は明白です。ソクラテスは衆人環視のなかでソフィストに向かって、たとえば美について、あるいは勇気について、正義について、あれこれと質問をし、いろいろに答えさせた上で、その答えを吟味してそこにひそむ矛盾を指摘し、ついには彼らに、その事がらについての無知を告白させればよいのです。としてみると、「愛知《フィロソフィア》」なるものは、いわばソフィストを論破するための否定的な武器としてもち出されてきたものだということになります。そして、事実、当時のアテナイ市民たちは、「愛知《フィロソフィア》」の立場に立ってのソクラテスのこうした独特の論争の仕方を「エイローネイアー」(eirōneiā) と呼んでいました。

これは、ヨーロッパの近代語にもirony《アイロニー》（英）とかIronie《イロニー》（独）といったかたちで承け継がれている言葉であり、普通は「皮肉《ひにく》」と訳されています。とすると、「愛知《フィロソフィア》」つまり哲学とは、ソフィストたち、ないしは彼らがその伝え手であったような知識を皮肉るために考え出された手管《てくだ》にすぎず、それ自身なんらかの実質をもつようなものではない、ということになりそうです。しかし、はたしてそれが、なにがなんでも相手をやっつければよいといったそうした手管にすぎないものなのかどうか、また、たしかに哲学がその根本において否定性を本質とするにしても、その否定とはいかなる性質のものなのか、これはもう少し考えてみなければならない問題ですし、そのためには、いわゆるソクラテス的皮肉《アイロニー》がいかなるものかを問わねばならないのですが、それは次章の問題にして、その前に日本語の「哲学」という言葉の由来に簡単にふれておきましょう。

### 「哲学」という日本語の由来

この訳語は、わが国最初の本格的な西洋哲学研究者であった西周助（のちの西周《あまね》）によって明治初年につくられたものですが、それにはこういう経緯がありました。西周助は明治維新までは、江戸幕府によって設立された洋学研究所ともいうべき「蕃書《ばんしょ》調所《しらべしょ》」に勤めていたのですが、文久二年（一八六二年）に、そこで日本で最初の西洋哲学の講義をしています。*その講義のなかで彼は、われわれも今みてきたソフィストとソクラテスの関係にふれ、ソフィストとは「賢哲」という意味であり、それに対してソクラテスは「賢哲を愛する人」という意味で、みずからフィロソフォスと名のったのだと言い、そして、この「賢哲を愛する」というのは、宋代の儒家周敦頤《とんい》が『通書』のなかで「士希レ賢」（士は賢を希《ねが》う）といっているその「希賢」と同じ意味だろうと見ています。そこで、西周助は「フィロソフィア」を「希賢学」と訳そうとでもしたのでしょうが、「希賢」という言葉にはすでに儒教的ニュアンスが色濃くつきまとっていると思ったからでしょうか、「賢」のかわりにほとんど同義の「哲」の字を当て、「希哲学」と訳しました。philein《フィレイン》＝希、sophia《ソフィア》＝哲、と考えれば、それなりに適切な訳語であったわけです。

ところが、西周助はその後文久三年に榎本武揚《えのもとたけあき》らとともにオランダに留学し、帰朝後明治三年には新政府にくわわるのですが、その頃執筆したと思われる『百学連環』（一種の百科事典《エンサイクロペディー》）では、「希」の字が削られてただ「哲学」という訳語がもちいられています。philein に当る「希」の字が削られて「哲学」だけになれば、ソフィストの学という意味になりかねません。そこにいかなる仔細があったかは、今となってはうかがうすべもありませんが、philosophia《フィロソフィア》の訳語としてははなはだ不適切なこの訳語が、そのまま日本語に定着してしまったわけで、前にこの言葉が妙ないきさつでつくられたと言ったのも、こうした理由からなのです。

＊　日本での西洋哲学の紹介は、それより三十年近く早く、高野長英（一八〇四―一八五〇年）の『聞見漫録』（一八三五―三六年）によっておこなわれています。この本の「西洋学術ノ部」でピュタゴラス、ソクラテス、プラトン、アリストテレス、コペルニクス、ガリレイ、デカルト、ベーコン、ニュートン、ライプニッツ、ロックらの思想が簡単に紹介されているのです。

# 第二章　アイロニーとしての哲学

## ソクラテスのアイロニー

前章で、ソクラテスの愛知者《ホ・フィロソフォス》という立場は、ソフィストに対する痛烈な皮肉《アイロニー》として提起されたものだと申しましたが、そうだとしてみると、彼のこの「皮肉《アイロニー》」をどうとらえるかによって、彼の「愛知《フィロソフィア》」つまりは「哲学」を見る見方も違ってくるということになりそうです。そして、事実、この「ソクラテスの皮肉《アイロニー》」なるものは、古くから哲学のきわめて重要な問題の一つとされており、多くの論議をよんできました。たとえばフリートリッヒ・シュレーゲル（Friedrich Von Schlegel, 1772―1829）とかゾルガー（Karl Wilhelm Ferdinand Solger, 1780―1819）といったドイツ・ロマン派の思想家や、ヘーゲル、キルケゴール（Sören Aabye Kierkegaard, 1813―1855）といった哲学者たちが、この問題にそれぞれ独自の解釈を提出しております。なかでも、実存主義の父といわれるキルケゴールが、このアイロニーの概念を主題にして書いた学位論文『アイロニーの概念――たえずソクラテスを顧みつつ』は有名です。わが国でも、斎藤信治氏がこのアイロニーの問題について多くのすぐれた論文を発表し、それを『ソクラテスとキェルケゴール――イロニーの概念――』という本にまとめています。本章で私が述べることも氏の研究に多くを負うていることをお断りしておきます。

　ところで、ソクラテスが愛知者《ホ・フィロソフォス》としてソフィストに問いかけてゆくその問答の仕方を、すでに当時のアテナイ市民たちが「エイローネイアー」と呼んでいたということについては、前にふれましたが、それは、たとえばプラトンの対話篇の一つ『国家』にみられる次のようなやりとりからもうかがえましょう。ここでソクラテスは、当時悪名の高かったソフィストの一人、トラシュマコスに正義とは何かと執拗《しつよう》に問いただすのですが、そのしつっこさにとうとうトラシュマコスは腹を立て、ソクラテスに向かって「人に尋ね、その答えに反駁するだけではなく、自分でも答えるべきではないか」となじります。するとソクラテスは、自分だって精いっぱいの努力はしているのだが、ただ私にはそれだけの能力がないのだから、賢明なあなた方は私に腹を立てるべきではなく、むしろ憐れんでくれるべきなのだ、とトラシュマコスに頼むのです。と、それを聞いたトラシュマコスは大声で嘲《あざけ》り笑いながら、こう言います。「ははァ、これが例のソクラテスのエイローネイアーというやつだな。私にはそれが分かっていたから、あらかじめ皆に言っておいたのだ、誰かが君に何かを尋ねても、君は答えようとはしないだろう、エイローネイアーを弄《ろう》して、なんとかして答えるのを避けようとするだろう、とね」（三三七A）。

ところで、私の手許にある邦訳の一つは、この「エイローネイアー」を「空とぼけ」と訳し、もう一つは「白ばくれ」と訳しています。前にも申しましたように、ギリシア語のこのeirōneiā に由来する——というより、その音をそのまま移したにすぎない——英語のirony は通常「皮肉《ひにく》」と訳されていますから、ここの「エイローネイアー」も「皮肉」と訳してよさそうにも思われるのですが、やはり前後の文脈や当時の一般的用法からみて「皮肉」では不適当と考え、それぞれの訳者が苦心の末「空とぼけ」とか「白ばくれ」という訳語を当てたのでしょう。いずれにせよ、ここでは、ソクラテスにかなりの憎しみをいだいている論敵の口から出ているのですから、「エイローネイアー」というのはけっして褒《ほ》め言葉ではなく、ソクラテスが対話に際してとる一種狡猾《こうかつ》な態度に対する非難だと思われますし、この言葉の当時の用法についての考証も、これがあまりよい意味では使われなかったことを教えています。

ところが、前にあげたような後世の哲学者たちが「ソクラテス的アイロニー」を問題にするばあい、しばしば「皮肉」と訳されるその「アイロニー」という言葉は、けっして非難さるべき狡猾な態度といったことではなく、むしろ最高の哲学的境地を指すために使われているようです。つまり、かつてのアテナイ市民たちが狡猾な「白ばくれ」をしか見なかったソクラテスの態度のうちに、後世の哲学者たちはすぐれた哲学的境地を見てとったということになりますが、いったいそれはどういった態度なのでしょうか。

　いったいに、「空とぼける」とか「白ばくれる」というのは、実は知っているのに知らないふりをするようなばあいに言われます。おそらくソクラテスが、自分はソフィスト（知識人）ではなく愛知者《ホ・フィロソフォス》であり、したがって無知な人間だと言いつづけていたその無知の告白を、当時のアテナイ市民たちは、ソクラテスは実はたいへんな知識の持主なのに無知を偽装しているのだと見て、それを「エイローネイアー」（「空とぼけ」、「白ばくれ」）と呼んだものなのでしょう。ちょっと考えてみても、ほんとうに無知な人間がソフィストのもち出す知識を吟味して、その虚偽性をあばいてみせるなどということは、とうていできるとは思えませんし、それをなしうるにはソフィスト以上の知識をもっている必要がありそうです。おそらく当時のアテナイ市民たちは、ソクラテスがその内面とは異なった外面を「偽装」しているという、そこだけに目をとめ、それを「空とぼけ」という意味での「エイローネイアー」と呼んだのでしようが、後世の哲学者たちは、そこにもっと深い複雑な構造を認め、それを「皮肉《アイロニー》」という概念でとらえることになるのです。

## 皮肉の構造

たしかに、「皮肉」という現象にも、「偽装」と同様に、内面と外面の相違という同じ構造が認められます。たとえば、それほど勉強をしているわけでもないのに、やたらに知ったかぶりをする学生に向かって、「君は実に物識りだね、こっちが教えてもらいたいくらいのものだ」と皮肉を言ったとします。そのばあい、私はその学生をほんとうに物識りだと思っているわけではなく、内心ではその無知を見ぬいているわけです。つまり、皮肉においては内面と異なった外面、あるいはむしろ内面と反対の外面が偽装されていることになります。キルケゴールも、「現象が内なる本質そのままの現われではなく、本質の反対であること」を、皮肉一般に通ずる一つの規定だと言っています。しかし、これだけのことなら、それは「嘘」にもそのまま当てはまりそうです。嘘をつくというのも、内心考えていることとは反対のことを口にすることだからです。嘘と皮肉の決定的な違いは、嘘のばあいはその偽装された外面がそのまま内面であるかのように相手によって受けとられなければ困るのに対して、皮肉にあっては、内面と異なった外面が偽装されていながら、その外面が相手にそのまま受けとられては困るというところにあります。「君みたいな物識りには会ったことがない」と皮肉を言ったのに、相手がそれを額面どおりに受けとって、「おれは日本一の物識りかな」などと思ったのでは、皮肉が通じていないわけです。皮肉が皮肉になるためには、内面とは反対の外面を偽装していながら、それが偽装された外面でしかないことに相手が気づき、相手がいわばその外面を否定して、こちらの内心をさとってくれなければなりません。つまり、嘘つきはおのれの偽装した外面（嘘）にしばられ拘束されて不自由である――したがって、その嘘がばれそうになると、それを隠すためにまた別の嘘をつき、嘘に嘘を重ね、のっぴきならないことになります――のに対して、皮肉屋《アイロニスト》は、おのれの偽装した外面（皮肉な言いまわし）に対して無責任であり、それから自由です。キルケゴールはこの事態を、「皮肉においては、主体は否定的に自由である」という言い方で規定してみせています。ドイツ・ロマン派の思想家や作家たちがソクラテス流のアイロニーのうちに最高の生活理想を認め、「ロマンティッシェ・イロニー」（ロマン主義的アイロニー）ということを言い出してきたのも、このように自己を外面（たとえば作品）へと現象化（表現）しながらも、それにしばられることなく、みずからその表現を否定して自己自身の内面へと反省的に立ちかえり、その否定を通じて自乗された自己への関係（つまり自己意識）のなかで、何ものにも拘束されぬ真の自由を味わいうると思ったからなのでしょう。ノヴァーリスとかティークといったドイツ・ロマン派の作家の作品を読むと分かりますが、彼らは作品の古典的完成を目指したりはせず、作品のなかにつねに作者が顔を出し、作品の自己完結を妨げます。彼らにとって作品は、所詮捨て去るべき道の草にすぎないのであり、作家はつねに作品の背後で、一種の内的自由を享受しているわけです。日本でも、たとえば太宰治などは、こうしたロマン主義的なアイロニーをみごとに生きぬいてみせた作家だと言えましょう。しかし、皮肉の効用は、単にそうした主観的自由の享受ということに尽きるものではありません。

先ほども見たとおり、皮肉を言う側には内面と外面の矛盾という構造がありましたが、皮肉を言われる側はどうでしょうか。皮肉というものは、誰にでもかれにでも言えるものではなく、やはりなんとなく皮肉を言いたくなる相手というものがいるものです。たとえば、先ほどのろくに勉強もしないくせに知ったかぶりをする学生などが、それでしょう。とすると、皮肉を言われる側にも、内面と外面、内なる本質と外なる現象の矛盾という構造が認められそうです。ただ、皮肉を言う側での内面と外面の矛盾が意識的に仕組まれたものであるのに対して、皮肉を言われる側の矛盾は、たいていのばあい意識されていない、という違いはあります。

## 教育的手段としての皮肉

とすると、皮肉という現象はこういうことになりそうです。——つまり、無意識のうちに内面とは矛盾した外面を装っているような相手を前にして、皮肉屋《アイロニスト》は、自分の方でも同じような矛盾を意識的に——ということは、誇張して——つくり出してみせる。たとえば、その内面においては無知なのに知ったかぶりをする相手に対して、内心ではその無知を見ぬいていながら、言葉の上ではいかにも相手の装われた外面をそのまま受けとっているかのように、「君のような物識りにはまだ会ったことがない」と言ってみせる。皮肉を言われる方は、その皮肉な言いまわしによって極度に誇張して再現された内と外との矛盾に気づき、相手の外なる言葉を否定して、相手が内心で何を思っているかに気づかされる。このとき、「皮肉が通じた」わけです。と同時に、それまで無意識であった自分の側での内と外との矛盾にも気づかされ、自分の真の本質に立ちかえらされることになります。つまり、「皮肉が通じた」とき、皮肉を言う側でも、言われる側でも同時に、内と外とのあいだにあった矛盾が否定されて、それぞれの側で内なる本質への帰還がおこなわれるというわけです。とすると、皮肉《アイロニー》には、無意識な自己欺瞞《じこぎまん》を暴露して自己の真実に立ちかえらせるという、一種の教育的効果があることになりましょう。ニーチェもあるところで、皮肉《アイロニー》について次のように述べております。

「皮肉《アイロニー》——皮肉《アイロニー》は、いかなる種類の弟子であろうと弟子との交渉に際しての教師の側からの教育手段として用いられてのみ、しかるべきものである。皮肉の目的は、慢心をくじき赤恥をかかせることにあるが、しかしそれは、よき志へと目覚ましめ、われわれをそのように扱った人に対して、ちょうど医者に対するように尊敬や感謝の念をいだかせるような医療的な性質をもつものなのである。皮肉な教師は無知を装う。しかも、きわめてたくみにそれをやってのけるので、彼と話し合っている弟子の方ではすっかりだまされて、自分の学識の方がすぐれていると思いこんで大胆になり、自分の弱点をありったけさらけ出してしまう。彼らは警戒心を失って、ありのままの自己をみせてしまう——ところが一瞬、彼らが教師の顔にさし向けていた光が、その光芒を突如転じて彼ら自身を照し、その慢心をくじくのである。教師と弟子のあいだにみられるようなこうした関係がないばあいには、皮肉《アイロニー》は一種の無礼であり、低俗な気どりである……」(『人間的な、あまりに人間的な』第三七二節)。

## ソクラテスのアイロニーの謎

してみれば、ソクラテスの皮肉《アイロニー》も、こうした教育的効果をねらったものだったと思われます。よく言われるように、彼は無知を装ってソフィストに論争をいどみ、ソフィストの誇示する知識を吟味して、それが真の知識ではないことを明らかにし、その無知を自覚させることによって、彼らに真の知への愛慕《エロース》（つまり、愛知）の念をいだかせようとした――ということになりましょう。

しかし、問題はけっしてこれで片づいたわけではありません。なぜなら、もしソクラテスがアイロニストであり、無知を偽装していたのだとすれば、彼はその内面においては真の知を所有していたのでなくてはならないことになるのですが――本当に無知な人間が無知を装うなどということはありえようはずもありません――、はたして彼がそうした真の知を所有していたかどうかに、なお問題が残るからです。前にも述べたように、なるほど、彼が本当に無知だったとしたら、彼にはソフィストの誇示する知識を吟味したり、それを真の知識ではないと断じたりはできないはずですから、彼はその本質においては真の知の所有者であったとも思われます。しかし、もしそうなら、彼はどこかで、たとえばソフィストとの対話の最後で、その真の知識のせめて一端でも披露してみせてもよさそうです。むしろ、それが親切というべきでしょう。

しかるに、在りし日のソクラテスの姿をかなり忠実に伝えていると思われるプラトンの初期の対話篇では、その対話はどれもこれも否定的な結末に終わっています。つまり、対話の主題になっていた美について、正義について、自分も何も知らないが、知っていると思いこんでいた君も実は何も知らなかったことが明らかになった、というところで話は終わってしまっており、何一つ肯定的な結論は出されておりません。それに、あの「無知の知」をソクラテスの単なる言葉の綾として片づけるわけにはいきそうもないのです。どうも彼の無知の告白は、その額面どおりに受けとらねばならないもののように思われます。だが、もしそうだとすれば、彼はアイロニストではなかったということになりましょう。いったい、彼の無知の告白をそのままに受けとりながら、なおかつ彼を一個のアイロニストとして認めるなどということが、はたして可能なものでしょうか。ここにソクラテスのアイロニーをめぐって、後世の哲学者たちが頭を悩ませたもっとも困難な問題があるのです。

### 無限否定性としてのアイロニー

ところで、もうおわかりのことと思いますが、ここまでくるとソクラテスのアイロニーとはもはや「皮肉」といった単なるものの言い方の一つのスタイルたるにとどまらず、一つの根本的な生き方、独自な存在様式と理解されねばなりません。事実、プラトンの「対話篇」、たとえば『ソクラテスの弁明』を読んでごらんになれば、ソクラテスのアイロニカルな否定の刃《やいば》が、単にソフィストの知識にだけではなく、当代の宗教や道徳や国家のあり方といったいっさいに向けられていることに気づかれることでしょう。しかも、彼のアイロニーは、あれこれの既成の知識や実在を否定して、それに代わる何か他の知識や実在をもち出そうというものではありませんでした。そのアイロニーの刃は、いっさいの知識や実在をかたっぱしから否定し去らんとするいわば無限否定性とでもいうべきものだったのです。前にもみたとおり、アイロニーとは、外なる現象を仮象として否定し、真の本質へ立ちかえろうとする運動でした。ところで、その立ちかえった本質をさえもさらに仮象として否定するといったふうに、そのアイロニカルな否定が無限に繰りかえされるとしたらどうでしょうか。たとえば、ソクラテスと対話をしている相手は、アイロニーの運動を通じて自己の真の内面に立ちかえらされると同時に、ソクラテスの偽装された外面を衝き破って、ソクラテスの真の姿をとらえたと思うことでしょうが、その時ソクラテスがその姿をさえも仮象として脱ぎ去り無限に後退をつづけるとしたら、おそらく対話の相手は、無限に自己のうちに突きかえされ、それまで頼ってきた知識や信念のいっさいを奪われ、まったく拠りどころを失って無の不安にさらされるにちがいありません。どうもソクラテスのアイロニーの真のねらいは、この無限否定性、つまり単なる否定のための否定たらんとするところにあったように思われるのです。そうであってはじめて、彼の無知の告白とそのアイロニーとが両立しうることになりましょう。このような無限否定性としてのアイロニーを生きるアイロニストは、一瞬たりとも止まることを許されず、最期の瞬間まで安らぎを知らぬ不安定な生き方を強いられます。止まってしまえば、それまでのすべてが嘘になってしまう恐れがあるのです。こうした生き方はとうてい常人のなしうることではなく——それは、「ロマン主義的アイロニー」の提唱者であったフリートリッヒ・シュレーゲルがすぐにも対極的ともいうべきカトリックに回心したり、すぐれたアイロニストであった太宰治が自殺に追いこまれたりしたことからも、うかがえましょう——ソクラテスのような超人にしてはじめて可能だったことにちがいありません。ソクラテスは時どきカタレプシー（強硬病）の発作を起こしたと伝えられています。歩いていたり立っていたりしてそのまま動かなくなり、一時間くらい、永いときには一昼夜もそのままの姿勢でいるのです。プラトンの『饗宴』という対話篇の冒頭部で、友人と一緒に歩いていたソクラテスが突然立ちどまり、一時間くらい動かなくなる場面が描かれていますし、この対話篇の終わりの方では、ポテイダイアの戦場でソクラテスが一昼夜立ったまま動かなくなった話が紹介されています。そして、友人たちはこれを「あの人のもっている癖の一つ」と言っていますから、かなりよく知られていたことだったようです。何をしていたのだとあとで人に聞かれると、ソクラテスは鬼神《ダイモーン》の声を聞いていたのだと答えていましたが、キルケゴールは、このときソクラテスが燃えさかる無限否定性の炎を一瞬鎮めて休んでいたのだろうと言っています。無限否定性を生きるということは、ソクラテスにしてなお時どきは休まなければならないほど厳しいものだったにちがいありません。

しかし、無限に否定するということは、何か自分の積極的な主張を持ち出すために他を否定するということではなく、すべての主張、すべての立場を片っぱしから否定してゆくということです。ということは、おのれ自身いかなる立場にも立たない、いわば無を立場にするということですが、はたしてソクラテスは本当にそうした生き方をしたのでしょうか。どうもそうとしか思われないのです。たしかに理論の場面でなら、徹底した懐疑主義などのように、自分自身いかなる積極的立場にも立たないということができるかもしれませんが、たとえば現実政治の場面などではそうしたことはとても考えられません。しかし、ソクラテスは、現実政治の場面においてさえも、いわば無を立場にしていっさいの立場を否定しようとしていたのではないかと思われる節があるのです。次章において結局は彼が死刑にされることになった「ソクラテス裁判」に際して、彼の採った政治的態度決定に即して、そのことを確かめてみたいと思います。

# 第三章　ソクラテス裁判

## 裁判の事実過程

　ソクラテスが最後に裁判にかけられ、死刑の判決を受けて処刑されたという話はすでにご存知でしょうし、確かな歴史的事実でもあります。しかし、このソクラテス裁判にはひどくおかしなところがあるのです。が、それはあとのことにして、まず事実経過を確かめておきましょう。

　紀元前三九九年の春にソクラテスは、アニュトス、メレトス、リュコンという三人の市民によって「国家の認める神々を認めず、新しい鬼神《ダイモーン》の祭りを導入し、かつ青年に害悪を及ぼす」という三つの理由で告発され、裁判にかけられ、一般市民から選ばれた五百一人の陪審員によって裁かれました。裁判の経過は、まず原告被告双方が告発と弁明の演説をし、陪審員が投票で有罪無罪を決めます。ソクラテスのばあいは、二八一対二二〇で有罪が決定しました。次いで、原告被告双方がそれぞれ望む刑量を申告し、また陪審員が投票でいずれかに決めるのですが、ソクラテスはその申告の演説で陪審員たちを愚弄し怒らせてしまったので、今度は、三六一対一四〇でソクラテスの死刑が決定しました。普通はすぐ処刑されるのですが、たまたまこの時、デロス島のアポロンの神へ捧げる供物を積んだ船が出発したばかりだったので、その船が帰るまで執行が延期され、一月後に処刑されました。この間いくらでも脱獄し、アテナイを脱出する機会はあり、友人たちがその準備をしてくれたのですが、ソクラテスはその申し出を拒否し、悪法といえども国法だと言ってみずから毒杯を仰いだ、と伝えられています。

これが事実経過なのですが、この話はおかしいところだらけなのです。第一におかしいのが、告発者の三人です。このうちアニュトスは、民主派の政治家で、それまでもソクラテスと恋敵になったり、あれこれ関わりがありました。ところが、メレトスは不良少年あがりのへっぽこ詩人、リュコンは他人の法廷演説の原稿を書いたりするいわゆる三百代言のような男で、ソクラテスを告発するようないわれはまったくありません。次におかしいのが告発の理由です。「国家の信ずる神々を信じない」という第一箇条は、アリストパネスの『雲』に登場するソクラテスも「神々というのはわしらのあいだでは通用せぬ貨幣だよ」と言ったりしていますから、ソクラテスにオリュンポスの神々を愚弄するような言動があったということでしょうし、「新しい鬼神《ダイモーン》の祭りを導入し」という第二箇条は、ソクラテスが例のカタレプシーの発作のあと人に何をしていたのかと問われると、「鬼神《ダイモーン》の声を聞いていた」と答えるのを常としていたのに由来するのでしょう。第三の「青年に害悪を及ぼす」にいたっては、まったく漠然としていて、とても一人の人間を告発する理由になるとは思われません。いずれにせよ、民主主義が極度に発達し、詭弁を弄してさえ個人の権利が主張されていたアテナイで、あれほど問題的な人物だったソクラテスをこんな漠然とした曖昧《あいまい》な理由で告発できるとは思われませんし、その裁判がこれほど原告側に有利なかたちで決着するというのも信じられないことです。

実は、この裁判には裏があり、この裁判は実際には政治裁判、ないし戦争責任を負うた人物を教育したソクラテスの責任を追及しようとする教育裁判とでも言うべきものだったのです。しかも、そのことは原告も被告も陪審員も皆が知っていることでした。しかし、その真の告発理由を表に出せない事情がありました。そのため、いい加減な告発者たちがいい加減な理由で告発したのですし、しかも審判は真の告発理由に照らして下されたのです。「青年に害悪を及ぼす」という告発条項が、わずかにこれに絡んでいます。その間の事情を見てみましょう。

## アルキビアデース

この裁判は、ギリシアのほとんどの都市国家《ポリス》がアテナイ側とスパルタ側とに真二つに分かれ三十年近く戦ったペロポンネーソス戦争（前四三一―四〇四年）終結の五年後におこなわれています。この戦争はアテナイ側の敗北に終わったのですが、その敗戦の大きな責任を負うているのがアルキビアデースというソクラテスのかつての弟子だったのです。アルキビアデース自身は前四〇四年に死んでいたので、その敗戦の責任を、あるいはそうした人物を教育した責任をソクラテスに問おうとしたのでしょう。このアルキビアデースという人物は、プラトンの『アルキビアデース第一』『アルキビアデース第二』という二つの対話篇の主人公になっていたり（二つとも偽書の疑いをかけられていますが）、『饗宴』の後半部に登場してソクラテス賛美の演説をしたり、プラトンの時代になってからもしきりに話題にされましたし、紀元二世紀頃に成立した『プルターク英雄伝』にも登場する有名人です。話の本筋からは離れますが、面白い話なので、その敗戦の責任について少しふれておきましょう。

アルキビアデースはアテナイの名門の家に生まれ、すぐれた知性とみごとな肉体、それにギリシア切っての美貌に恵まれ、弁舌もさわやかであれば、愛嬌《あいきょう》もあって人に信頼感を与え、激しい気性をもちながらも、だれからも好かれる男だったようです。

立派な教育も受け、ある時期からソクラテスに愛され教えを受けています。ソクラテスの告発者の一人アニュトスも、昔アルキビアデースに言い寄ってふられたといいます。しかし、ソクラテスの教えを受けたにもかかわらず、この人にはどこか決定的に駄目なところがあったようです。『プルターク英雄伝』にはこう書かれています。「アルキビアデースは善人のあいだに行っても悪人のあいだに行っても、何一つ真似のできない、またうまく合わせられないことはなく、スパルタでは体育の練習をし、質素な生活を営み、陰気な眼つきをするし、イオニアでは柔弱で愛想がよく気楽にするし、トラキアでは酒に酔い、テッサリアでは馬に乗り、ペルシアの太守のもとでは尊大と浪費の点でペルシア風の豪奢《ごうしゃ》を凌《しの》いだ」。とにかく相手にいくらでも調子を合わせられる男だったようです。

彼は法定年齢（三十五歳）に達すると、ただ三人だけの将軍職の選挙に打って出て、老練なニキアスやラマコスと共に将軍になります。折りしもペロポンネーソス戦争は、ニキアスの努力で「ニキアスの平和」と呼ばれる休戦期間に入っていたのですが、功を焦《あ》せるアルキビアデースは、この期間にスパルタの物資補給基地になっていたシシリー島を攻撃することによって今後の戦争運営が有利になると説き、シシリー島大遠征軍を提案し議会の承認をとりつけます。ところが、あまり気の進まない他の将軍たちと共に遠征軍を指揮して出発しようとした矢先、街中のあちこちに立てられていた軍神ヘルメスの像の顔が打ち壊されるという事件が起き、幸先が悪いので調べてみると、アルキビアデースとその仲間たちの酔った上での仕業だということが分かりました。アルキビアデースは裁判にかけられましたが、お得意の弁舌で説得し、「今はともかく出航させ、戦争が終ってから弁明させよう」という判決を引き出して、百三十隻の船と六千人を越す兵士を率いて出航します。しかし、出航後アテナイではアルキビアデースを厳罰に処すべきだという強硬論が大勢を占め、追手の船を出して、シシリー島到着直前のアルキビアデースをアテナイに召喚します。ニキアスらに率いられた遠征軍の方は、シシリー島に上陸し、緒戦には勝利を収めますが、調子に乗って敵を追撃してゆくうちに海岸線を遮断され、船は奪われるし、内陸に追いこまれた兵士たちはついには大理石の石切場に逃げこみ大半が餓死するという悲惨な運命をたどります。残った兵をまとめて、ニキアスはほうほうの態でアテナイに逃げ帰りました。

一方、アルキビアデースの方は、アテナイへ連れもどされる途中、追手を買収して、こともあろうに敵方のスパルタに逃げこみます。しかも、スパルタに、自分がこれまで守ってきたアテナイを攻略する秘策を授けたりまでするのです。シシリー島攻撃ですでに休戦条約は破れ、ふたたび戦争が開始されていましたが、アルキビアデースの献策のおかげでアテナイはペイライエウス（現ピレウス）港との補給路を遮断され、完全に包囲されてしまったので、このあと疫病と飢餓に苦しめられることになります。ところが、スパルタ滞在中のアルキビアデースはスパルタ王の王妃を誘惑して子供を生ませたりしたので、身の危険を感じてスパルタを脱出し、今度はペルシアの太守のもとに身を寄せて、スパルタとアテナイの両方を衰えさせ、ペルシアに有利になるように策謀するといったぐあいで、まことに端倪《たんげい》すべからざる行動をとるのです。しかも、次に彼は、アテナイから見てエーゲ海の対岸にあるサモス島のアテナイ海軍基地に乗りこんで得意の弁舌と術策を弄してその指揮官になります。スパルタやペルシアの内情に通じているので、当初は赫々《かくかく》たる戦果を挙げ、やがて凱旋将軍としてアテナイに帰還し、アテナイの市民たちも昔のことは忘れて、彼を歓呼の声で迎え入れるのですが、ふたたびアテナイは敗勢に向かい、アルキビアデースも脱出せざるをえなくなります。アテナイが敗れた前四〇四年、アルキビアデースは、小アジア北西部のフリュギアの小さな村に女と共に隠れているところを、スパルタのはなった刺客に襲われ殺されてしまいました。

アルキビアデースはギリシア史にも名をとどめる一代の風雲児と言えましょうが、

彼の言動がアテナイ敗亡の大きな原因になったことも確かです。すでにアルキビアデース自身は死んでいるのですが、こうした男を教育した責任をソクラテスに問おうというのが、ソクラテス裁判の一つの動機だったにちがいありません。しかし、それだけではなく、もっと別の動機もあったのです。むしろ、そちらの方が大きな動機だったように思われます。

### 三十人政権の乱

ペロポンネーソス戦争の原因は、二次にわたるペルシア戦争でギリシア連合軍の盟主の役割を果たしたアテナイが将来のペルシアの侵攻にそなえてデロス同盟を組織し、ギリシアのすべてのポリスに同盟費と軍隊の醵出《きょしゅつ》を要求し、さらには同盟下のポリスに政治的な介入をし、自分たちの採っている民主政体を押しつけはじめたりしたところにあります。つまり、アテナイの圧政に苦しんだポリスがスパルタの庇護《ひご》をもとめたため、ギリシアの全ポリスがアテナイ側とスパルタ側とに分かれて戦うことになったのです。したがってこの戦争は、アテナイのように市民のすべてが直接国政に参加する直接民主政体をとるポリスと、スパルタのように少数の有能な指導者が国政を治める少数寡頭《かとう》政体をとるポリスとの戦いであり、一種のイデオロギー戦でもあったわけです。

直接民主政はきわめて理想的な政体に思えますが、実際には力のある民衆煽動家《デマゴーグ》が現われると、その意見に付和雷同し、衆愚政治に堕《だ》する危険が多く、アテナイもペロポンネーソス戦争期間中そのために、一つの島の住民を全員虐殺するといったような愚行をしばしば犯してきました。そのため、アテナイ内部にも少数寡頭政体を支持する者がかなりいて、その連中はこの戦争期間中国外に亡命し、クセノフォンのように敵国のスパルタに亡命する者さえ少くありませんでした。前四〇四年にこの戦争がアテナイ側の敗北に終わり、スパルタの将軍リュサンドロスによって占領されると、それまで国外で亡命生活を送っていた少数寡頭政体支持者たちが続々と帰国し、スパルタの指示に従って新しい少数寡頭政権を樹立するためのいわば新憲法制定委員会とも言うべき三十人から成る暫定政権を組織します。「三十人政権《トリアコンタ》」と呼ばれるこの政権は、亡命帰りの少数寡頭政体支持者と穏健な民主派の人たち、それにテラメネスという人望の篤い人を中心とする中間派との三派から成る連立政権でした。

このうち、亡命帰りの少数寡頭政体支持者の代表として政権にくわわったのが、クリチアスやカルミデスといったソクラテスの昔の弟子たちだったのです。かつては陽気な文学青年だったこの連中も、この時点では過激な政治思想の持主になっており、政権の座につくと、三十人政権設立の当初の目的を忘れ、占領軍の武力を背景に戦争中の責任追及をはじめます。当初は戦争遂行に積極的だった民主派の人たちを捕えて処刑したのですが、やがて政権内部でそれをいさめるテラメネスをまで断罪するにいたって、恐怖政治の様相を呈してきました。そこで、忍耐の限度にきた民主派の連中が隣国メガラに逃れて、三十人政権へ抗戦し、これが「三十人政権《トリアコンタ》の乱」と呼ばれる内戦に発展します。この内戦は約一年続きますが、この一年間に、ペロポンネーソス戦争三十年間に死んだのと同数の市民が死んだと言われるほど激しいもので、アテナイに大きな禍根を残しました。結局は、クリチアスもカルミデスも戦死し、彼らを援《たす》けた占領軍司令官リュサンドロスの権力拡大を恐れたスパルタ王がみずから調停に乗り出し、この内戦は前四〇三年に終結します。和解の条件は、アテナイがふたたび民主政体にもどること、そして両派いずれも今後は過去の責任をいっさい追及しあわないということでした。

**教育裁判**

この内戦を惹《ひ》き起こしたクリチアスやカルミデスの責任は、アルキビアデースのそれをさらに上まわるものだったようです。そこで、彼らを教育したソクラテスがその教育の責任を追及されることになったわけです。おそらく、アテナイがふたたび民主政体にもどり平和が回復したというのに、当然謹慎していてしかるべきソクラテスが依然として街中で政治批判を続けている、それに腹を立てた民主派の政治家たちがアニュトスを表に立ててソクラテスを告発したのでしょう。しかし、内戦終結の条件だった「既往を咎《とが》めず」、過去の責任を追及しあわないという申し合わせが厳重に守られていたため、それを告発理由にはできない。そこで、メレトスやリュコンといった政治とあまり関係のない連中を告発者に仕立て、前に述べたひどく漠然とした理由で告発したのだろうと思われます。しかし、告発の真の理由が何であるかは、誰でもが知っていました。

したがって、ソクラテスはこの法廷で二重の弁明をしなければならなかったわけです。表向きの告発理由と、真の告発理由とに対してです。プラトンの書いた『ソクラテスの弁明』がはたしてソクラテスの法廷演説をそのまま記録したものかどうかには問題がありますが、しかし注意深く読んでみると、これがそうした二重構造をもっていることは明らかに見てとれます。だが、そこでのソクラテスの弁明の仕方がまことに奇妙なのです。それはこういうことです。

この裁判に出席した者は、原告も陪審員も傍聴者も一様にソクラテスを少数寡頭政体支持者たちの思想的指導者《イデオローグ》だと思っていました。事実、彼の弟子の大部分は少数寡頭政体支持者でした。この裁判を傍聴していた年少の弟子のプラトンでさえ、のちに寡頭制の全体主義国家の理想を描いた対話篇『国家』を書いているくらいです。いわば、敵も味方もそう思っていたにちがいありません。ところが、ソクラテス自身はその弁明のなかで、そうではないと言い張るのです。その根拠として彼は、三十人政権の時代にも依然として自分は街中で政治批判をおこなっていたので、何度もクリチアスに呼びつけられて、それをやめるように警告されていたということ、さらに明らかに三十人政権への加担を意味するような命令（民主派の有力者の逮捕を指揮せよというう）を受けたが、自分はそれを拒否したということを挙げています。そして、もし三十人政権が存続していたなら、自分は君たちの手によってではなく、三十人政権の手で処刑されていただろう、とさえ言うのです。結果から見ても、ソクラテスがこの裁判でいわば逃げを打つつもりのなかったことは確かですから、彼の言い分は単なる言いのがれではなく本音だと思ってよいと思います。

ソクラテスの言いたいことは、こういうことなのです。自分はたしかに民主政の時代には民主政の批判をした。しかし、だからといって自分は、諸君や自分の弟子たちが考えたように、少数寡頭政体の支持者なのではない。その証拠に、少数寡頭政の時代には、その批判をおこなっている。自分は特定の政治的立場を支持しようというのではなく、眼前に現われる現実政治のすべての立場を片っぱしから批判しようとしただけなのだ、こう彼は言おうとしているのです。ということは、ここでも彼は、いかなる立場にも立たず、いわば無を立場にして、無限否定性の刃をふるおうとしたということになります。

しかし、抽象的な思想の場面でならともかく、現実政治の場面でこんなことが可能でしょうか。普通なら考えられないことを、あえてソクラテスはやろうとしていたわけですが、これは彼が民主政対少数寡頭政という政治的対立を成り立たせているその基盤を根底から否定し去ろうとしていたということを意味しているように思われます。こうして、彼のアイロニーが無限否定性を本質とするものだったという私の先ほどの主張が、彼の政治的行動に即しても裏づけられるのではないでしょうか。腐敗堕落した当時のアテナイにおいては、いくらでも逃亡の機会はあったのに、あえて判決に服して処刑されたというのは、ソクラテスがアテナイ市民に仕掛けた最後のアイロニーだったのかもしれません。

## ソクラテスの歴史的位置

しかし、それにしても、なにゆえにソクラテスがこうした無限否定性としてのアイロニーをみずからの使命と認めることになったのか、という問題は残ります。ヘーゲルもその『哲学史』のなかで、「しかしソクラテスにしても茸のように大地から生え出たわけのものではない、むしろ彼は時代との一定の連続性のうちに立っている」と述べていますが、こうしたアイロニーを出現せしめるなにかが歴史のうちにあったにちがいありません。しかし、彼を単に時代の必然的な産物だといってすまされないところもあります。キルケゴールは『アイロニーの概念』のなかで、右のヘーゲルの言葉を引用した上で、それに続けて次のように言っています。「しかしこの連続性にもかかわらず、われわれはやはり、彼がその過去から全面的に解明しつくされうるものではないということ、ある意味ではわれわれは彼を過去の諸前提からの一つの帰結とみなしうるにしても、しかし彼のうちにはそれらの前提のうちに存していた以上のものが、すなわち〈根源的なもの〉があり、これこそ彼が真に一つの転回点でありうるために不可欠なものなのである」。ヘーゲルと同様、キルケゴールもソクラテスを世界史の一つの転回点と見るのですが、彼の観点からすれば、ソクラテスの無限否定性としてのアイロニーは、歴史を切断し、いっさいの古いものを否定し去って、新たなものの登場を準備するという歴史的使命を負うていたことになります。つまり、徹底した否定性を生きたソクラテスには、たしかに何一つ新しいものをもち出すことはできなかった――それは、やがて彼の弟子のプラトンが果たすことになります――のであり、彼の使命はその新しいものの登場してくる舞台をまず掃き清めるというところにあり、彼のアイロニーこそはそのための手段だったわけです。

してみれば、われわれも、彼が否定しさらねばならなかった古いものがなんであり、やがてプラトンによってもち出されてくる新しいものがなんであったのかを、見てみなければなりません。そうしてみてはじめて、ソクラテスの「愛知《フィロソフィア》」がいかなる歴史的意味を有していたかも明らかになることでしょう。

ソクラテスが否定しようとした古いものとは、おそらく当時のギリシア人がものを考え、ことを行う際に、つねに暗黙の前提にしていたもの、つまり彼らがありとしあらゆるもの、存在者の全体を見るその見方だったと思われます。それがどういう見方だったのか、それを確かめる手がかりを、ソクラテスよりもっと古い時代のギリシアの思想家の考えにもとめることにしましょう。

# 第四章　ソクラテス以前の思想家たちの自然観

## フォアゾクラティカー

一度でも哲学史の本をひもといてごらんになった方はご存知でしょうが、通常、哲学史の叙述は、ソクラテスよりもずっと古く、紀元前六世紀初頭に活躍したタレース（Thales, B.C. 624—546）とか、アナクシマンドロス（Anaximandros, B.C. 611—546以後）といった人たちからはじめられています。まだ哲学という言葉さえなかったこの時代の人たちを哲学者と呼ぶには問題があるので、今は、ドイツの哲学史家がこの思想家たちを一括して名指すために発明した「フォアゾクラティカー」（Vorsokratiker＝ソクラテス以前の人たち）という便利な言葉をそのまま借りておきましょう。このフォアゾクラティカーには、前記のタレース、アナクシマンドロスのほか、ピュタゴラス（Pythagoras, B.C. 582 — 497）、パルメニデス（Parmenides, B.C. 500—?）、ヘラクレイトス（Herakleitos, B.C. 535—475）、エンペドクレース（Empedokles, B.C. 493—433）、それにソクラテスとほとんど同世代のデモクリトス（Demokritos, B.C. 460—370）あたりまで多くの思想家がふくまれ、その活躍の時期は、ペルシア戦争に先立つおよそ二世紀にまたがっています。

彼らに共通して言えることは、そのすべてがギリシア本土の出身者ではなく、ギリシア本土よりも文化の先進地帯であったイオニア地方（今のトルコの西海岸）やマグナ・グレキア（イタリア南部とシシリー島）の出であったこと、そして彼らの書いた著書が今日完全なかたちでは一つも伝えられておらず、人によって多少の差はあれ、わずかな断片が残されているだけだということです。したがって、彼らの個々の思想を十分に知ることはとうていできそうにもありませんし、今はまたそのつもりもありませんが、一人ひとりがひどく個性的な思想家であったようです。ただ、それらの断片を通してうかがえる彼らの思想を見ていると、そうした個別的な違いを越えてそこにある共通の思考の基盤が認められます。殊に、プラトン以後の哲学と比べると、それとは歴然と区別されるある共通の前提が認められるように思われるのです。今はその点を問題にしたいと思います。

**自然《フュシス》**

それを考える手がかりを与えてくれるのが、彼らの自然観です。フォアゾクラティカーはそのほとんどが「自然《フュシス》について」(Peri physeōs《ペリ・フュセオース》)という同じ題で本を書いたと伝えられておりますし、彼らの思想の歴史を最初に整理したアリストテレス(Aristoteles, B.C. 384—322)も、この人たちを「フュシオローゴイ」(physiologoi)=フュシスを論じた人たち)とか「フュシコイ」(physikoi)と呼んでおりますから、彼らのもとで「フュシス」という概念がきわめて中心的な役割を果したということは認めてもよさそうです。

このフュシス(physis)というギリシア語は、その後「ナトゥーラ」(natura)というラテン語に訳され、それがそのままnature(英・仏)、Natur《ナトゥーア》(独)というかたちで近代語に承け継がれていますし、われわれはふつうこれを「自然」と訳していますから、「フュシス」の訳語にも「自然」を当てるのが適当だと思います。問題は、この「自然」ということでいったい何が考えられているか、にあります。古くから多くの哲学史家は、この「自然《フュシス》」を、今日自然科学が研究対象にしているような外的物質的自然と見たため、そこからソクラテス以前の思想家たちはもっぱらそうした物質的自然の基本的構成要素がなんであるかといったことだけを問題にしたのであり、人間が視線を外から内に転じ自己自身に反省の眼を向けるようになるにはソクラテスを待たなければならなかった、という俗説が生まれてきました。ここでは「自然」というものが、人間の意識の内面的世界などとは区別される特定の存在領域と考えられているわけです。今日でも、たとえば学問を自然科学と精神科学（ないし社会科学）に区分するようなばあい、その自然は、精神的存在者なり社会的存在者なりと区別される特定の存在者をふくむ存在領域とみなされています。こうした自然の概念がかなり古いものであることは、いま挙げた自然と精神、自然と社会のほかにも、たとえば自然と歴史、自然と文明、自然と芸術、自然と技術といった対《つい》概念をずいぶん古くまで遡《さかのぼ》ることができるということからも知られます。中世ではそれは「自然《ナトゥーラ》と恩寵《グラーティア》（超自然的な神の力）」というかたちで考えられていましたし、さらに古くプラトンやアリストテレスのもとでも「自然《フュシス》と法《ノモス》」、「自然《フュシス》によって存在するものと技術《テクネー》によって存在するもの」といった対《つい》概念が見いだされます。そして、こうした対《つい》概念のなかで考えられている自然は、対《つい》をなしているもう一方の項にふくまれている存在者と区別され、それと対立するような存在者の特定領域を指しているのです。

### 自然《フュシス》の根源的意味

ところが、自然《フュシス》という言葉には、それとは違ったもう一つ別の用法、別の意味があります。日本語でも、たとえば、「そう考えるのが自然だ」とか「そんなことをするのは不自然だ」といった言い方をしますが、そうしたばあいこの「自然」という言葉は、存在者の特定領域を指すのではなく、事物一般の本来あるべきあり方を意味しています。この意味は『広辞苑』では、「おのずからなる生成・展開を惹起させる本具の力としての、ものの性《たち》。本性。本質」と定義されていますが、日本語でも、人為のくわわらない「自《おのず》から然《しか》ある」状態という、この意味の方が古く基本的なのです。老子の思想を要約する「無為自然」、空海の『十住心論』で言われる「自然《じねん》」、親鸞の「自然法爾《じねんほうに》」——仏教系では呉音に従ってジネンと読まれていました——、朱子学の「自然」、安藤昌益の「自然真営道」などで言われる「自然」はすべてこの意味です。この言葉が自然科学の対象となるような存在者の特定領域を指すようになったのは、明治二十年代に森鷗外によってそういう意味での nature, Natur の訳語に当てられてからのことだと伝えられています。しかし、そうした古い意味は、たとえば英語の nature にもあって、この言葉には nature and history といった用法とは別に、nature of history というふうな用法がありますが、そこにこの古い意味が残響しています。このばあいわれわれは、「歴史の自然」とではなく、「歴史の本性」と訳します。この nature は、存在者の特定領域としての「自然」を意味しているわけではなく、ものごとの「本性」といったほどの意味になりましょう。そして、こうした意味は、ラテン語のnatura《ナトゥーラ》やギリシア語のフュシスにも一貫して認められるものなのです。いま、問題なのはギリシア語のフュシスですが、この言葉についての文献学的研究は一致して、「本性」、「真のあり方」という意味の方がこの言葉の古く基本的な意味であり、対《つい》概念のなかで用いられ、存在者の特定領域を指す用法はむしろ派生的なものだと教えています。つまり、フュシスとはもともとは、存在者のある限られた領域を指すのではなく、いっさいの存在者——いわゆる自然的存在者も、精神的なもの、歴史的・社会的なものもふくめたいっさいの存在者——の本性、その真のあり方を意味していたのです。

そして、ソクラテス以前の思想家たちが「フュシス」という概念のもとに考えていたものも、実はこの意味での自然（もののおのずからある姿）にほかなりませんでした。したがって、彼らが物質的自然の構成要素の探究といった幼稚な自然科学的研究に没頭していたと考えるのは間違いです。彼らにとって自然《フュシス》とは、人間や、神々をさえもふくめた存在者のすべてのことであり（彼らのもとでは、「自然《フュシス》」という言葉はしばしば「万物《タ・パンタ》」と同義に使われています）、より正確には、そうしたすべての存在者の真の本性、つまりすべての存在者をそのように存在者たらしめている存在のことなのであって、彼らの思索はまさしくこの存在がなんであるかを究めることに向けられていたのです。

## 生きた自然

しかも、彼らがこの存在をどのようなものとして受けとっていたかも、ある程度はこのphysis《フュシス》という言葉からうかがえます。というのも、このphysisという名詞は――この点、異論がないわけでもありませんが――phyesthai《フュエスタイ》（「なる」、「生える」、「生ずる」、「生成する」といった意味）という動詞からつくられたものであり、したがって、physisには「生成」「発現」といった意味があるからです。ローマ人がphysisの訳語に当てたnatura《ナトゥーラ》もnascor《ナースコル》（「生まれる」、「生ずる」）という動詞に由来するものですから、physisという言葉はローマ人の語感にも「生成」という意味を響かせていたにちがいありません。アリストテレスは――彼はフォアゾクラティカーたちに一世紀半あまりも遅れ、その上、前にもふれたように、彼のあたりでこのphysisという言葉がその意味を大きく変えてくるのですから、その援用には十分に慎重でなければなりませんが――、ta physei onta《タ・フュセイ・オンタ》（「自然《フュシス》によって存在するもの」）を定義して、それは「運動（このばあいは生成消滅）の原因を自己自身のうちに内蔵している存在者」のことだと言い、したがって、「自然《フュシス》」とは運動する存在者そのものに内属しているその運動の原因、たとえば生命のようなものだと考えています。アリストテレスのこの自然《フュシス》の定義は、フォアゾクラティカーのいう自然について考える際有力な参考となります。つまりフォアゾクラティカーたちが存在者のすべてを自然《フュシス》と見たということは、彼らにとって存在するものはすべて、それぞれがなんらかの生命的原理のようなものを内蔵し、それに従って生成消滅するもの、広い意味での成るものと思われていた、ということです。いま、生命と言いましたが、これはたとえばの話で、彼らの念頭にあった「自然《フュシス》」とはもっと幅広いもの、つまり生命でさえもがその一様態でしかないようなもっと漠然とした自然的運動の原理であったようです。たとえばヘラクレイトスの言葉として伝えられているものに、「ヘシオドスは昼と夜とのフュシスを知らぬ。そは一なるがゆえに」というのがありますが、これなどはフュシスを有機的生命と考えたのでは、なんのことかさっぱりわからないことになります。彼らにとって自然《フュシス》とは、昼夜の交替、四季の移りかわり、天体の運動、海の浪のうねり、植物の生長枯衰、動物の生誕や死滅といったすべての自然《フュシス》的運動を支配して

ヘラクレイトス

いる原理であり、人間の社会や国家《ポリス》も、そして神々でさえもが同じ原理によって支配されているように思われたのでしょう。

こうした考え方はずいぶん異様に思えるかも知れませんが、たとえば万物が「葦牙《あしかび》の萌《も》え騰《あが》るように成る」と考えていた古代日本人の自然観を思い起こしてみれば、いくぶん納得がいくのではないでしょうか。政治思想史家の丸山真男氏が「歴史意識の〈古層〉」（『忠誠と反逆』筑摩書房、所収）という卓抜な論文のなかで、『古事記』の最古層に属する神々である「高皇産霊神《タカミムスヒノカミ》・神皇産霊神《カミムスヒノカミ》」の名前にふくまれる「ムスヒ」（漢字は当て字）という言葉は、「苔ムス、草ムス」などと言われるばあいの「ムス」と原理を意味する「ヒ」とが結びついたものであり、生成の原理という意味だと言っておられますが、ギリシア語の「フュシス」もこの「ムスヒ」に似た意味合いの言葉なのです。われわれ現代人のうちにも、自然を対象化してとらえるのではなく、むしろわれわれを暖かく包みこむ母なる自然と見るような、こうした古い自然観が心のどこかに生き残っているように思われます。ですから、フォアゾクラティカーのこうした自然観はけっして特異なものではなく、むしろすべての自然民族が自然にいだく自然観、いわゆるアニミスティックな自然観の高度に洗練された一類型と考えてよいかと思います。

## ロゴス

ところで、自然的運動といっても、むろんそれはけっして混沌とした動きなのではなく、そこにはそれなりの秩序が認められるにちがいありません。つまり、すべての存在者はそれぞれの内蔵する運動の原理「自然《フュシス》」によって生成消滅するのですが、それは相互に無関係に、各自勝手気ままになされるのではなく、そこには一定の秩序が支配しているのです。その秩序を、たとえばヘラクレイトスはロゴスと呼んでいます。この logos《ロゴス》 にしても、その動詞形の legein《レゲイン》 にしても、ずいぶん多義的であり、それに応じて実に多様な解釈がくわえられている言葉なのですが、いまは簡単に「理法」といった程度の意味に受けとっておきましょう。そのロゴスについてヘラクレイトスは、たとえば次のように語っています。「いっさいがロゴスに従って生ずるにもかかわらず」人びとはそれを理解しない。「……わたしがそれぞれを一々フュシスに従って区別し、それがいかにあるかを明示しようと、こと細かに語ってみせているのに……」（断片一）。ここでは、「フュシス」は「いかにあるか」(hochōs echei《ホコースエケイ》) とほとんど同義であり、ロゴスはそうした「あり方の秩序・理法」と考えられていると見てよいでしょう。そしてヘラクレイトスは、そうした「ロゴスは公共のものであるのに、たいていの者どもは各自の思惑《おもわく》をもっているかのように生きている」（断片二）と非難し、「わたしにではなくロゴスに耳を傾けて、万物が一つであることをそのままに認める《ホモロゲイン》ことが知というものだ」（断片五〇）と述べるのです。ここに出てくるhomologein《ホモロゲイン》という言葉は、おそらく、自然のロゴスをそのまま口移しのように語る、そのロゴスに言葉を合わせる、といった意味なのでしょうが、それこそが人間にとっての真の知のあり方なのだ、と言いたいのだと思われます。古代ももう末の頃、紀元二世紀の哲学者のセクストス・エンペイリコス（Sextos Empeirikos）という人が、ヘラクレイトスにおける世界と人間との関係をsymphia《シュンフィア》、つまり「フュシスを同じくする」という言葉でとらえていますが、ヘラクレイトスにとっては、人間も自然《フュシス》の一部であり、それ以上の何ものでもないのですから、その人間は自然《フュシス》のロゴスをそのままに認め語ることができる、というわけなのでしょう。つまり、自然に随順して生きる生き方こそが人間の真の生き方だと言いたいわけなのでしょうが、そうした考え方は、たとえば老子の思想を要約する「無為自然」とか、あるいは芭蕉の「造化にしたがひ、造化にかへる」（『笈の小文』）といった言葉に見られる考え方とそう遠いものではなさそうです。そして、このばあい、人間社会や国家《ポリス》の在り方、一般にノモス（慣習・約束事・法）も当然自然《フュシス》のロゴスにのっとるべきものだし、したがって、それらは自然と対立するものではなく、広義の自然に包括されるはずのものなのです。ところが、自然《フュシス》と人為《ノモス》とのこうした関係が、やがて崩れてくることになります。

### ノモスの逸脱

すでにヘラクレイトスのもとでさえも、自然のなかにあって人間には一種特別な性格が認められていました。というのは、人間はまさしく自然と本性を同じくし、そのロゴスに聴従すべきものなのに、やはり人間には、各自の思惑（idia phronēsis《イディア・フロネーシス》）に固執して自然のロゴスから逸脱する可能性が認められているからです。もっとも、そうして自然から逸脱したノモス的存在はあくまで仮象《エイドーラ》にすぎず、非存在にすぎないのであって、けっして自然に対立するようなものではありません。そうした事情は原子論の創唱者デモクリトスあたりまでくるといっそうはっきりしてきます。彼のもとでは、フュシスとノモスが鋭く対立させられますが、しかし、やはりフュシスによって（kata physin《カタ・フュシン》）存在しているものこそが真の存在であって、ノモスによって（kata nomon《カタ・ノモン》）存在しているものは、いわば約束事、人為的さだめにすぎず、仮象にすぎないと考えられています。彼に言わせれば、われわれに与えられる感覚的世界

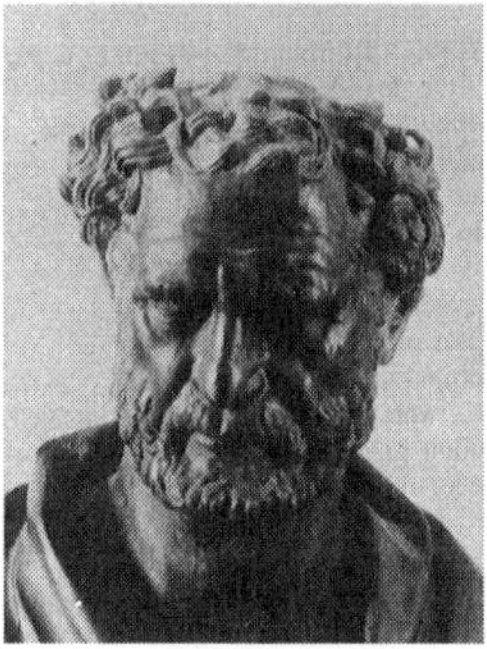

デモクリトス

さえもが、そうした仮象なのであって、自然の真の存在は原子《アトム》の無限の組み合わせからなるのです。つまり、ヘラクレイトスにおいては、単に真の存在である自然《フュシス》からの逸脱の可能性が認められていたにすぎないノモス的存在が、デモクリトスのもとでは原理的に自然《フュシス》から逸脱したものと考えられ、したがって、自然《フュシス》とノモスとが対置されることになるわけなのですが、しかしそのばあいも、真理はあくまで自然にあるのであって、ノモス的存在は仮象にすぎず、けっして自然《フュシス》に対立する積極的な原理ではありえないのです。

こうしてみると、根源的な真実在である自然《フュシス》からノモスが逸脱離反し、やがて消極的にもせよ自然《フュシス》に対立する原理になるという自然《フュシス》とノモス、存在と仮象との統一と抗争こそが、つまり、仮象のうちに生きることを余儀なくされながらも、つねにその仮象を打ち破って真実在に還ろうとすることこそが、ソクラテス以前の思想家たちの思索の中心的な主題だったと見ることができそうです。ここでくわしくふれることはできませんが、ついでに申しますと、カール・ラインハルト（Karl Reinhardt, 1886—

1958）のように、真理と仮象との対立というこの同じ問題がギリシア悲劇の主導的主題であり、たとえばソフォクレス（Sophokles, B.C. 496―406）の『オイディプス王』などにその純粋な表現をえている、と見る思想家もいます。オイディプス王はテーバイの王として、貞淑な妻と子どもたちにかこまれた幸せな暮しを送っていましたが、国を襲った疫病の原因を探ろうとしたことがきっかけで、そうした仮象を突き破り、父親を殺し母親を娶《めと》ったというそれまで気づかなかった自分の真実在をあばき出し、ついにみずから自分の眼をえぐり出してしまいます。このように、わが身を亡ぼしてまで仮象を打ち破って真理をもとめる激情にこそ古いギリシア人の本領があったのだと、ラインハルトは主張するのです。

## ソフィスト

しかし、このような自然《フュシス》とノモスとのあいだにあった厳しい緊張は、ソフィストたちのもとではすでに失われてしまいます。彼らも自然《フュシス》こそが真の存在だと認める点では、フォアゾクラティカーの立場を継いでいます。ところが、そうは認めながらも、実は彼らの関心は、もっぱら仮象にすぎぬノモス的世界に向けられていました。しかも、彼らの考えに従えば、いかなるノモスといえども、それが真実在たる自然《フュシス》からの逸脱であり離反である以上、すべては仮象にすぎないのですから、ノモス相互のあいだに真偽の絶対的区別はなく、その区別はつねに相対的なものでしかない、ということになるのです。たとえば、ソフィストの一人アンティフォーン（Antiphon、紀元前五世紀後半）の次のような言葉に、いま述べたことの裏付けをもとめることができましょう。「ノモスによって定められた多くの正義は、自然《フュシス》と対立する」。「それは一方においてはノモスによって定められた自然《フュシス》の絆《きずな》であるが、他面においては自然《フュシス》からの離脱である」。

こうして自然《フュシス》のみを絶対的に真なるものとして立てる以上、ノモス的世界は全体として仮象にすぎず、そこにおいてなされる真偽の区別はつねに相対的なものであって、あることを真であると主張することも偽であると主張することもできるわけです。事実、ソフィストの手になる『両論』（Dissoi Logoi《ディソイ・ロゴイ》）という本などは、同じ一つの主張を真なりとする議論と偽なりとする議論を同じページに並べて書いてみせています。ソフィストたちの、白を黒と言いくるめ黒を白と言いくるめてみせるいわゆる詭弁術も、こうしてみると、けっして必要だけから生まれたいい加減な手管にすぎないものではなく、彼らなりの存在論に裏づけられたものであることが知られましょう。

彼らの立場では、こと人間社会に関するかぎり、真実らしいこと以上の真理はありえないわけであり、その真実らしさは実際的有効性によって決せられることになります。その意味では、プロタゴラス（Protagoras, B.C. 500頃—430頃）のように、「人間が万物の尺度《パントーン・メトロン・アントローポス》」とも言えるわけなのです。彼らからみれば、実社会のノモス、つまり儀礼・慣習・制度・法律などはすべて相対的なものであり、たとえば法的正義にしても強者の利益以上のものと考える必要はないのです。

要するに、もはや人間社会の諸問題を真の存在である自然《フュシス》との厳しい緊張のなかでとらえるのではなく、真理は高いところに祭りあげてしまい、仮象にすぎない人間社会だけに眼を向けるというやり方で、古い自然《フュシス》的存在論を堕落したかたちで保持しつづけようとしたのが、ソフィストたちの立場だったと言えましょう。たとえば国家《ポリス》の問題一つにしてみても、こうした立場ではせいぜいのところ「成るにまかせ」、「成りゆきにまかせる」という以外に考えようはないことになりましょうし、そこから、正義とは強者なり民衆煽動家《デマゴーグ》なりの利益にほかならぬといった主張も出てこようというものです。

## ソクラテスの役割

ソクラテスがアイロニーの刃をふるって一掃しようとしたのは、まさしくこうした堕落したかたちで承け継がれていた自然《フュシス》的存在論だったと思われます。というのも、彼には国家とか人間社会は、けっして成りゆきにまかせてよいものだとは思われなかったからでしょう。もっとも、そうはいっても、彼自身がそれに代わる新たな原理、新しい存在論をもち出してきたわけではなさそうです。その役割はやがて彼の弟子のプラトンが引き受けることになるのであって、ソクラテスの使命は、そうした新たな原理が登場するための舞台の大掃除をすること、つまり当時の人びとの認識や実践のすべてを規定していた存在についての古い考え方を残りなく一掃しようとするところにあったのであり、彼の無限否定性としてのアイロニーとは、まさしくそのための武器だったのです。とすると、彼の否定の刃は結局のところ自然に向けられていたということになりそうです。

# 第五章　プラトンのイデア論

前章の終りで私は、それまでのいわば自然《フュシス》的存在論とでもいうべきものに替わる新たな存在論を打ち樹てる役割を引き受けたのはプラトンだと申しましたが、私には、プラトンのいわゆるイデア論こそがそれなのだと思われます。しかし、それについて考える前に、プラトンその人と、その置かれていた歴史的状況について簡単に見ておきましょう。

## プラトンの生涯

プラトンは、紀元前四二七年——例の、ギリシア全土がアテナイ側とスパルタ側とに真二つに分かれて三十年間を戦ったペロポンネーソス戦争（前四三一—四〇四年）開戦後間もない頃——アテナイの名門の家に生まれ、その青年期に晩年のソクラテスに師事しました。前にもふれたように彼の故国アテナイは、この世紀の前半に起こったペルシア戦争で果たした指導的役割のゆえに、その後ギリシア世界の政治・経済・

プラトン

文化の中心となり、隆盛の一途をたどってきたのですが、プラトンの生まれた頃には一種の頽廃期《たいはいき》に入り、国内的には民主政治が極度に堕落した衆愚政治と化し、対外的にも、デロス同盟（ペルシアの侵攻にそなえて結ばれた同盟）の盟主としての地位をほしいままにして、他の都市国家を政治的・経済的に圧迫し、それがペロポンネーソス戦争勃発の原因にもなったのでした。ソクラテスやプラトンが戦おうとしたのは、ほかならぬ国家《ポリス》や、その国家《ポリス》の市民のこうした堕落に対してだったのであり、ソクラテスなどはまさしくその戦いに生命を賭《か》けることにもなったわけですが、彼らから見れば、そうした堕落のよってきたるゆえんは、万事を無原則に成りゆきにまかせる自然《フュシス》的存在論——殊にその堕落したソフィスト的形態——にあると思われたのでしょう。それに替わる新たな存在論の創出が、プラトンに使命として課せられることになるのです。

　が、その問題に立ち入る前に、プラトンの生涯を概観しておきましょう。「プラトン」というのは「広い」という意味の形容詞で、彼が子どもの頃肩幅が広かったところから付けられた仇名であり、本名はアリストクレースと言いましたが、当時からプラトンとしか呼ばれなかったようです。叔父や兄たちがソクラテスの弟子だったので（例の三十人政権にくわわったクリチアスやカルミデスもプラトンの叔父や親戚でした）、プラトンは幼い頃からソクラテスの身近にいたようですが、四十二歳ほどの年齢差がありますから、その頃すでにソクラテスはかなりの老年に達していました。ソクラテスの刑死の時、プラトンは二十八歳でしたが、処刑の直後、連座の危険を避けて隣国メガラに逃れています。やがてアテナイの情勢が落着いたのを見て帰国し、在りし日の先生の姿を後世に伝えようとしたのだろうと思われる十数篇の初期対話篇を書きますが、前三九〇年頃から数年間、エジプトや、やはりアフリカ北岸のギリシア人の植民都市キュレネなどへ旅行したと伝えられています。その帰路、当時南イタリアのタラントゥム（現タラント）に拠点を据えていたピュタゴラス教団に滞在し、その頃教団を主宰していた大数学者アルキュタスについて数学を学んでいます。前三八七年、アテナイへ帰る途次、シシリー島のシュラクサイに立ち寄り、独裁者《タイラント》ディオニュシオス一世の宮廷に滞在し、その義弟ディオンと親交を結びました。ディオンはプラトンを追ってアテナイにゆき、プラトンの開いた学校に学びますが、のちにプラトンはこのディオンを通じて、シュラクサイを舞台に理想国実現の政治的実験をおこなうため六十歳を過ぎてから二度もシシリー島に赴くことになります。

前三八七年、四十歳で帰国したプラトンは、アテナイの北西の郊外アカデモスの森にアカデメイアという学園を創設し、ここで教育と著作活動に従事します。このアカデメイアは紀元五二九年にローマ皇帝ユスティニアヌスによって閉鎖を命じられるまで九百年学燈を灯しつづけることになりますが、プラトンはここで中期・後期の十数篇の対話篇を執筆しました。

こうして、プラトンは生涯に多くの著作を残しました。今日、偽書の疑いのあるものを除いても、二十七の対話篇と一通の書簡が伝えられていますが、すぐれた文学的能力によって彩られたその思想の全幅を見透すことは、ほとんど不可能だとされています。したがって、私がここでプラトンの哲学として取り出してくるものも、そのほんの一端にすぎません。むしろ私は、後代の哲学者、ことに近代初頭の哲学者たちがプラトン主義として承け継いだもの、したがって近代ヨーロッパ文化形成の主導力となったプラトンの思想だけを、プラトン哲学のなかから取り出してみようと思うのです。よく、プラトン以後のすべてのヨーロッパ哲学は根本においてプラトン主義だといわれますが、そうした意味でのプラトン主義を定着してみようというつもりなのです。ですから、プラトンその人の哲学はけっしてこれに尽きるものではなく、いわば汲めどもつきせぬ泉のようなものだということを、十分に心得ておいていただきたいと思います。

しかし、それにしても、プラトンの中心的な関心が、おそらくは先生のソクラテスのばあいと同様に、わが祖国アテナイをいかにすべきか、そもそも国家《ポリス》はいかにあるべきか、そして国家《ポリス》の市民は何を徳として生きるべきか、という政治的・倫理的問題に向けられていたであろうことは、彼の著作のなかでも、国家論が中心的な位置を占めること、また彼が——たとえ失敗に終わったにしても——シシリー島のシュラクサイを舞台に壮大な政治的実験を試みようとして数度にわたってこの島に渡ったことなどからもうかがえます。彼のイデア論も、けっして思いつきに発する単なる理論に終始するものではなく、なによりもまずこうした実践的関心によって強く動機づけられたものであることを忘れてはなりません。こうしたことを念頭においた上で、そのいわゆるイデア論なるものについて考えてみましょう。

### イデア

まず、「イデア」（idea）という言葉の意味ですが、これは idein《イデイン》（見る）という動詞からつくられた言葉で、字義どおりには「見られるもの」、つまりはものの「姿」、

「形」を意味します。もう一つ、このideinからつくられた同じような言葉にeidos《エイドス》というのがあり、これは「形」とか「図形」という意味のごく普通に使われる言葉で、ピュタゴラス教団でも幾何学的図形を指すのに使われていた言葉なのですが、わが国ではむしろこちらに、少し気どった「形相」という訳語が当てられてきました。こうしてエイドスもイデアも、もともとは同じように「形」という意味の言葉なのですが、プラトンにおいては両者が微妙に区別され、イデアの方にもう少し特殊な意味が与えられることになります。というのは、プラトンはイデアという言葉を、形は形でもわれわれの肉眼に見える形ではなく、いわば「魂の眼」によって洞察される純粋な形、つまり、物の真の姿、事物の原型を指すために使うのです。たとえば、ユークリッド幾何学において本当に対象にされている三角形とは、純粋な二次元の平面の上に、幅のない直線で描かれた三角形でなければなりません。こうした三角形は、当然肉眼で見ることのできるものではありませんが、にもかかわらずわれわれは、幾何学の勉強をするばあい、それをなんらかの仕方で直観しているにちがいありません。プラトンによれば、われわれはそれを魂の眼で直観している、ということになるのですが、彼はこの三角形こそ、われわれが黒板やノートの上に感覚的に見ることのできるいっさいの三角形の原型、理想的形態、つまり三角形のイデアだと言うのです。こうして彼は、すべての事物にそのイデアを認めるだけではなく、物の性質や関係に関しても、たとえば正しさのイデアとか美しさのイデアといったものを考えます。このイデアという言葉は、その後ラテン語を通じて、たとえば近代の英語などにも idea というそのままの形で受け容れられていますが、上で述べたことからも明らかなように、ギリシア語のイデアには、英語の idea がもっている「観念」という意味はまったくありません。英語でも、ギリシア語のイデアの訳語としては、むしろ form という言葉を当てるのが普通です。

ところで、プラトンは、個々の感覚的事物とそのイデアとの関係を、模像と原型の関係とか、分与《メテクシス》の関係（たとえば雨あがりに、地上のたくさんの水溜りがただ一つの月の影を宿すように、個々の事物が同じ一つのイデアの影を宿す、といった関係）とか、さまざまな言い方で規定しようとしています。そして、彼の考えでは、個々の感覚的事物が時間のなかで生成消滅し変化するのに対して、イデアは永遠に不生不滅であり、変化することもないのです。プラトンは、感覚的個物からなるこの現実の世界を越えたところに、永遠に変わることのないイデアだけからなる世界を想定していたもののようで、そのために彼の哲学は「二世界説」とも呼ばれています。

プラトンがこのイデアの認識を「想起《アナムネーシス》」ということで説明していることも、かなりよく知られていましょう。――つまり、われわれの魂は、かつて天上の世界にあって、イデアだけを見つめて暮していたのだが、その汚《けが》れのゆえに地上の世界に追放され、肉体という牢獄《ろうごく》に押しこめられることになった。そして、この地上へ降る途中、忘却《レテ》の河を渡ったため、かつて見ていたイデアをほとんど忘れてしまっているが、この世界でイデアの模像である個物を見るとき、その忘れていたイデアをおぼろげに思い出す。こうして、われわれが眼を外界から魂の内面へと向けなおし、かつて見ていたイデアを想起するとき、われわれは事物をその原型に即して真に認識することになる。つまり、真の認識とは「想起」にほかならない――というのです。

### イデア論の真意

こうしたプラトンのイデア論は、たしかにわれわれにいろいろなことを考えさせるものではありますが、これだけでは、なぜ彼がそんなことを言い出さねばならなかったのかが、どうももう一つはっきりしない感じがします。ところが、プラトンは、『国家《ポリテイア》』という対話篇のなかで、イデアについて、こうした説明とは多少違った解明を試みており、それがイデア論発想の動機とでもいったものをかなり明らかにしてくれるように思われるので、次にそれを見てみようと思います。

プラトンは、この対話篇も末尾に近い第十巻のはじめのあたりで、おおよそ次のような意味のことを言い出します。たとえば、ここにかなりさまざまな形をした沢山の机があるとしましょう。それらが同じ「机」という名前で呼ばれるのは、それらがともかく机の形をしているからです。それらの机は、木や大理石や、今日だったらスチールや、ずいぶんさまざまな材料でつくられているにもかかわらず、また、丸かったり四角だったり、背が高かったり低かったりするにもかかわらず、とにかく机というものがもつべき形をもっているからこそ、「机」という同じ名前で呼ばれるのです。

ところで、なぜそれらがそうした形をもつようになったかというと、それはそれらの机をつくった職人が、一般に机というもののあるべき姿、つまり机のイデアを視界におきながら、その形《エイドス》を材料の上に写したからにほかなりません。同じ一つの机のイデアへ眼を向けながらつくられたからこそ、材料のまったく違う多くの机が同じ「机」という名前で呼ばれるというわけなのです。こうして、イデアとしての机と職人によってつくられた机と、二種類の机が考えられるわけですが、もし机の形をしたものを「机」と呼ぶのだとしたら、さらにもう一つの机が考えられます。それは、職人のつくった机を見ながら、画家がキャンバスの上に描いた机です。この机にしたって、それが机の形《エイドス》をもっている以上、「机」という以外に呼びようはないわけです。

こうして、(1)イデアとしての机、(2)職人によってつくられた机、(3)画家によって描かれた机と、いずれも机の形《エイドス》をそなえた三種類の机があることになります。

それでは、この三つの机のうち、いったいどれが机としてもっとも高い存在性を有しているのでしょうか。われわれでしたら、おそらく(2)のつくられた机だということでしょう。なぜなら、この机の上でならものを書いたり読んだりできますが、ほかの二つの机ではとうていそうしたことはできそうにもないからです。ところが、プラトンは右の判定を下すにあたって、そうした有効性といった基準は無視して、われわれからみれば実に奇妙な基準に従います。彼の考えでは、机が机であるのは机の形《エイドス》をもっているからなのである以上、そうした机の形《エイドス》を純粋にそして豊かに実現している机こそが、机としてのもっとも高い存在性をもつはずなのです。そして、そうした基準に従えば、(1)のイデアとしての机においてこそ、机の形《エイドス》が、いかなる材料をも媒介とせずに純粋に輝き出しているのだから、これこそがもっとも高い存在性を有するということになります。他の二つの机は、木材なり大理石なり、あるいはキャンバスなり絵具なりの材料を媒介として机の形《エイドス》が実現されているわけであり、したがって、そこでは机の形《エイドス》が濁《にご》らされ鈍くされているので、その机としての存在性は低いことになります。では、その二つの机、つくられた机と描かれた机のあいだではどうかと申しますと、このばあいはつくられた机の方がより高い存在性をもつとみなされます。というのは、描かれた机の方は、机の形《エイドス》をただ一面的に呈示しているにすぎないのに、つくられた机は、われわれが視点を変えるにつれてその形《エイドス》をより多面的に、より豊かに呈示することができるからだ、というのです。

われわれからみればまことに奇妙な考え方ですが、しかし、ここからいろいろな帰結を導き出すことができます。第一に、プラトンのこの考え方では、すべての個物は、イデアから借りてこられた形相《エイドス》（形）と一定の質料《ヒュレー》（材料）との合成物だということです。この際、形相《エイドス》ということで物の外的輪郭だけではなく、その内的構造のようなものをも考えておいてよいと思います。第二に、そうした合成によってつくられた個物において、その存在性を左右するのは、あくまで形相であって、質料ではない、と考えられています。そして、形相とは、それがなんであるか（本質存在）を決定するものだし、質料とは、その物があるかないか（事実存在）を決定するものなのだとすれば、ここでは「存在」なるものがもっぱら本質存在（……デアル）の意味に理解されているということになります。

ところで、このようにそれ自体はまったく無構造的な質料と、イデアから借りてこられ、その質料には本来無関係な形相との組み合せで事物の存在構造を考えようとしても、そうした存在構造はすべての事物にそう無差別に適用できるものではありません。それがぴったり当てはまるのは、おそらく制作物のばあいに限られましょう。たとえば机などだったら、仕事場にごろんところがっている無構造な材木に、制作者の頭のなかにある机のとるべき形相が押しつけられ構造化されてでき上ったと見ることができるし、したがって、いかなる質料によっても媒介される以前の机の形相、つまり机のイデアといったものも考えることができます。ところが、そのへんに生えている樹木のようないわゆる自然的事物のばあいはどうでしょうか。そうした樹木については、頭のなかでさえどこまでが形相でどこからが質料だと区別することなど、とうていできるものではありません。してみれば、プラトンが考えている事物の存在構造は、制作物をモデルにして得られたものだと言えないでしょうか。たしかに、プラトンはイデアというものをそうした制作物にかぎらず、人間はもちろん、自然物をふくめたすべての事物について考えてはいます。しかし、それは、制作物をモデルにして得られた存在構造を、類比的に自然的存在者にも適用しているのだと思われます。プ

ラトンが、イデアを論ずる際に、好んで机とかベッドといった制作物を例にとってい
るということや、世界の制作者としてのデーミウルゴスを想定したりしていることが
その裏づけとなりえましょう。

こうしてみると、フォアゾクラティカーが、生物のような自然的に生成する存在者をモデルにし、「成る」という観点から事物一般の存在構造を考えていたのに対して、プラトンはそれと真正面から対立するような存在論――つまり、制作物をモデルにし、「つくる」という観点に立って事物の存在構造を考えようとしたのだ、と見ることができそうです。事実、イデアというのは、いわばそうした制作のための設計図のようなものだとも言えますし、定義のかたちで表現される事物の本質――たとえば「円とは一点から等距離にある点の軌跡である」といった――とは、いわばその対象の「つくり方」にほかならないと言えましょう。

## なる・うむ・つくる

前章で引用した丸山真男氏の「歴史意識の〈古層〉」という論文に、次のような興味深い見解が提示されています。つまり、どの民族にも必ず、万物の成り立ちを説明する創世神話があり、たいていのばあいそれは多様に混淆《こんこう》しているものであるが、理

想型をつくってうまく整理してみると、それらの創世神話は、それぞれ「なる」「うむ」「つくる」という原理によって規定される三つの型に分類される、というのです。「なる」という原理によって規定されるそれは、いわば植物的生成をモデルにしたもので、万物を「葦牙《あしかび》の萌《も》え騰《あ》がるが如く成る」と見る『古事記』のもっとも古い層に見られるものや、先ほど見たギリシア早期のフュシス的な考え方などがこれに属します。「うむ」という原理によって規定されるそれは、いわば動物的生殖をモデルにしたもので、原初の混沌が陰陽二元に分かれ、その結合によって万物が生ずると見る中国の盤古神話や、万物を natura《ナトゥーラ》（「産む」という意味の動詞 nascor《ナースコル》から派生した名詞）、つまり「産み出されたもの」と見るローマの神話などがこれに属します。『古事記』の比較的新しい層に属する伊弉諾《いざなぎ》・伊弉冉《いざなみ》の国産み神話は、中国系の神話の混入したものでしょう。三番目の「つくる」という原理によって規定されるそれは、いわば人間の制作行為をモデルにしたもので、神が世界を創造したと見るユダヤ・キリスト教系の世界創造神話がこれに属します。この分類でゆくと、プラトンのイデア論は明らかに「つくる」という原理によって規定されているわけで、万物をフュシス、つまり成るものと見ていたそれまでのギリシア人の考え方とはまったく異質です。プラトンのイデア論は、少くとも一部はピュタゴラス教団の思想に由来するものですが、アリストテレスが『形而上学《けいじじょうがく》』の第一巻でこのピュタゴラス教団の思想を「異国風《エクトポーテロス》」だと言っています。前後の文脈を見ると、彼はプラトンの思想をも「異国風」だと言いたがっているように思われます。プラトンはイデア論の名のもとに、ギリシア人にとってはひどく異和感のある考え方をもちこもうとしていたようです。「つくる」という立場で万物の成り立ちを説明するこの思想の由来は明らかではありませんが、プラトンが若い頃ユダヤ人が多く居住していたエジプトのキュレネを旅行し、そこでユダヤ系の思想にふれたという可能性も考えられないではありません。

### 物質的自然観

それはともかく、こうした新しい存在論のもとで、かつて存在者のすべてを包括するものであった自然《フュシス》が、制作の単なる質料《ヒュレー》、つまり超自然的なイデアから借りてこられた形相《エイドス》によってかたちづくられるべきそれ自身は無構造な素材となり、結局は存在者の特定領域になりさがってしまったのです（もっとも、プラトン自身は、むしろイデアを「フュシスのうちに存在しているもの」hē en tē physei oūsa《ヘー・エン・テー・フュセイ・ウーサ》と呼んでいるくらいですから、彼自身がこのとおりに考えていたというわけではなく、その後の事の成りゆきからみて、こう考えられるということです）。ギリシア語の「ヒュレー」がラテン語では「マテーリア」と訳され、これが英語にも material というかたちで承け継がれています。これにわれわれは「物質」という訳語を当てていますから、ここで「物質的自然観」が成立したことになります。また、それとともに、もともとは単純なものであった「存在」が、「本質存在（……デアル）」と「事実存在（……ガアル）」とに分岐し、しかも、事実存在に対する本質存在の絶対的優位性が確立されることにもなりました。「存在」がもともとは単純なものであったというのは次のような意味です。万物をおのずから生成するものと見るような自然《フュシス》的な考え方のもとでは、「本質存在」と「事実存在」とが区別されるようなことはありません。前にも述べたように、そこらに生えている欅《けやき》の木のような自然的存在者について形相と質料とを区別することはできませんが、そうなれば、形相によって規定されるその「本質存在」と質料によって規定されるその「事実存在」を区別することもできないことになります。そこでは、「アル」ということは単純な事態だったのです。これは、われわれ日本人の存在の理解に照らしてみても明らかです。われわれは「存在」とか「アル」という言葉を聞くとき、「本質存在」や「デアル」のことは考えないものです。どちらかというと「事実存在」や「ガアル」に近いものを思い浮かべますが、しかし、それはいわば「本質存在」を抜きとられた残《のこ》り滓《かす》のような「事実存在」や「ガアル」ではなく、すべての「本質存在」、すべての「デアル」を可能性としてふくんでおり、それをおのれのうちから発出させてゆくような、もっとふっくらした「事実存在」だと言えましょう。古い時代のギリシア人にとっても、「存在」というのはそうした単純なものであったのが、プラトンのイデア論によってもち出されたいわば制作的存在論のもとで、その単純な「存在」が「本質存在」と「事実存在」に分岐し、しかも形相によって規定される「本質存在」がつねに優位に置かれてきたのです。ハイデガーなどは、「存在」が「本質存在」と「事実存在」とにこのように分岐するのと同時に「哲学」がはじまったのだと主張しています。たしかに、「哲学」の成立と「制作的存在論」の成立と「物質的自然観」の成立とは同時的でした。ハイデガーは、自然を制作のための単なる材料・質料、つまり物質と見るような自然観、「制作的存在論」こそ、哲学と呼ばれる知の本質だと見ているのです。

### イデア論の実践的動機

しかし、それでは、なぜプラトンは、ギリシア人にとって異質なこうした存在論を創出する必要があったのでしょうか。おそらくそれは、彼の実践的関心に発するものだと思われます。というのはつまり、古い自然的な存在理解のもとにあるかぎり、国家(ポリス)にしても、その国家の市民にしても、成るがままになる、つまり成りゆきにしたがうという以外にあり方はないわけです。ところが、プラトンにとっては、国家《ポリス》はけっしてそんなふうに成りゆきにまかせてよいものではなく、一定の理念、つまりは正義の理念を目ざして積極的につくり上げられるべきものと思われたのでしょうし、また、その市民にしても成りゆきまかせに生きてよいものではなく、人間のイデアを目指して形成（教育《パイディア》）さるべきもの、あるいは自己形成すべきものと思われたにちがいありません。ところで、こうした実践哲学には存在論的な基礎づけが必要です。そして、私が制作的立場での存在論としてとらえたイデア論こそがその基礎づけの役割を果たしたのではないでしょうか。ですから、プラトンにとって、イデア論はあくまで実践的関心との生きた緊張のなかでとらえられてのみ意味をもつものなのであり、単なる理論として論じらるべきものではなかったのだと思われます。よく知られているように、彼自身、晩年の著作においてはイデア論批判を試みていますが、それは、彼のこの教説を実践的関心から切り離して純粋な理論体系として扱おうとする弟子たちへの警告だったのではないでしょうか。しかし、彼の弟子たちだけではなく、後世もまた、この彼の警告を無視してしまうことになりました。

ソクラテスやプラトンの関心が、堕落衰亡の一途をたどるアテナイを目前にして

「わが祖国をいかにすべきか」というひたすら実践的な問題に集中していたことは、ソクラテスがそのために生命を賭け、プラトンが生涯の後半に『国家』と『法律』という二つの大きな対話篇を書いただけではなく、前にも述べたように——さすがにアテナイには望みを断って——シュラクサイを舞台に、ディオンを通じて理想国建設の実験をしようと、荒れ狂う海を渡って二度までもシシリー島に赴いたことからもうかがえましょう。もっとも、プラトンが『国家』に描いてみせた理想国は徹底した全体主義国家と見られて、後世の悪評を買いましたし、シュラクサイもいわば哲学者の実験材料にされて大混乱をきたすことになってしまいました。所詮哲学者が頭のなかで考えたことと現実政治の力学とはまったく無縁なのかもしれません。しかし、プラトンの思想がひたすら実践的関心に発したものであることは疑いありません。もっとも、彼の思想は結局はそうした発想の動機とは切り離されて、その後の西洋の命運を決することになるのですが。

古来神のように崇められてきたプラトンの思想についてずいぶん乱暴な議論を展開することになりましたが、こうした解釈を裏づける傍証がないでもありません。それは、プラトンの弟子のアリストテレスの証言です。そこで、次にアリストテレスの思想を検討してみましょう。

# 第六章　アリストテレスの形而上学

古来アリストテレスの哲学はプラトン哲学と対照的な思想とみなされてきました。事実その後二千五百年の西洋思想史の展開のなかで、数学主義的で理想主義的だと見られるプラトン主義と、生物主義的で現実主義的だと見られるアリストテレス主義は交替して覇権を争い、思想界を二分してきました。しかし、この師弟の思想の関係はそう単純ではありません。まずこの師弟のパーソナルな関係から考えてみましょう。

## アリストテレスの生涯

アリストテレスは、ソクラテスやプラトンのようなアテナイの出身者ではありません。彼は前三八四年にマケドニアの首都スタゲイロスの医師の家に生まれました。父親は、侍医としてマケドニアの宮廷に仕え、その縁で後日アリストテレスがアレキサンダーの教育を委嘱される（前三四二―三三六年）ことになります。が、それはのちの話です。アリストテレスは十七歳でアテナイに赴き、プラトンの開いたアカデメイアに入学し、プラトンの死まで二十年近くそこで学びます。アリストテレスが入学した前三六五年にはプラトンはもう六十三歳になっている計算ですから、晩年の弟子といってよいでしょう。ヴァチカン宮殿にラファエロの有名な『アテネの学園』という絵がありますが、中央にプラトンとアリストテレスがいかにも議論しながらといった様子で並んで歩いている姿が描かれています。肩幅の広いがっしりした老年のプラトンは右手で天を指さし、背が高く精悍《せいかん》な感じの壮年のアリストテレスは右手で大地を指さしています。理想主義者プラトンと現実主義者アリストテレスということなのでしょう。もっとも、紀元三世紀半ばにディオゲネス・ラエルティオスという人によって書かれた『哲学者列伝』という虚実とりまぜた面白い本によりますと、アリストテレスは「発音するときに舌もつれすることがあった」そうですし、「彼の下肢はか細くて、眼は小さく、派手な衣服をまとい、指輪をはめ、髪を短く刈りこんでいた」ということです。さらに、紀元二世紀にローマ人のアイリアノスという人によって書かれた『ギリシア奇談集』というもっといかがわしい噂話を集めた本によると、プラトンはそうしたアリストテレスの服装や髪型が気に入らず、彼をうとんじたし、アリストテレスもすでにプラトンの生前にそのもとを去り、八十歳にもなって衰えたプラト

アテネの学園（プラトンとアリストテレス）

ンのもとに仲間を連れて押しかけ、詰問調の質問をして師を苦しめた忘恩の徒ということにされています。真偽のさだかでないそうした噂話を信ずるにはあたりませんが、しかしそこから、アリストテレスが故郷からの仕送りでかなり豊かな生活をし、プラトンの弟子のなかでも異色な存在だったらしいことや、彼が先生のプラトンに明らかに対立するものと見える思想を展開していたことはうかがえます。

アリストテレスはプラトンの歿後アテナイを離れ、小アジアやレスボス島をさすらったあと故郷に帰り、当時のマケドニア王フィリポスの頼みで、前三四二年から六年間アレキサンダーの教育にあたります。この間、フィリポスの率いるマケドニア軍にアテナイやテーバイを中心とするギリシア同盟軍がカイロネイアの戦いで敗れ（前三三八年）、実質的にギリシアの都市国家《ポリス》時代が終りますが、アレキサンダーの即位とともに任を解かれたアリストテレスは前三三五年ふたたびアテナイに帰り、おそらくマケドニアの勢力を背景に、自分の学園リュケイオンを開きます。彼が歩廊（ペリパトス）を散歩しながら講義をしたというところから、その学派はペリパトス学派とも呼ばれ、アカデメイアと対抗しながら、これまた紀元五二九年まで九百年近くアテナイで学燈を灯しつづけることになります。

## アリストテレスの著作

アリストテレスもまた、先生のプラトンの真似をして対話形式や書簡体の本をずいぶん書いたようです。しかし、登場人物に生きいきと対話を交させる芸術的才能はとてもプラトンの比ではなかったのでしょう。彼が生前公刊したそれらの本は、今日まったく残っていません。われわれが今日『アリストテレス全集』としてもっているものは、大部分彼がリュケイオンでおこなった講義ノートなのです。これには、次のようないきさつがあったと伝えられています。アリストテレスが歿したとき、リュケイオンにその厖大《ぼうだい》な講義ノートが残されていましたが、やがてエジプトのプトレマイオス王家がアレキサンドリアに大図書館を建設し、地中海世界から図書を蒐集しはじめたので、没収されるのを恐れたリュケイオンではそれらの講義ノートを小アジアのスケプシスの町に隠匿《いんとく》しました。それがそのまま忘れられて二世紀ほどが過ぎ、紀元前一世紀に再発見されてリュケイオンにもどされたものを、当時の学頭ロドスのアンドロニコスが整理編纂して公刊しました。しばらくは、公刊書とこの講義録との両方が読まれていたにちがいありませんが、おそらくアリストテレスの本領がよく現われている講義録の方だけがもっぱら読まれて、彼の書いた対話篇など公刊書は散逸してしまいました。この話は、残るべき本は残り、失われる本は失われるだけの価値しかないのだという意味の「本《ファトゥム・リベロールム》の運命」という言葉の例証としてよく引き合いに出されます。

## イデア論批判

ところで、私は先ほど、プラトンについての私のおそらく乱暴に見えるにちがいない解釈をアリストテレスが裏づけてくれると述べましたが、それは次のような意味なのです。アリストテレスの講義録の根幹部分をなす『形而上学』や『自然学』を読むと、彼の思索のねらいは、先生のプラトンの思想を批判的に修正しながら継承しようとするところにあったように思われます。つまり、プラトンのイデア論は制作物をモデルにしてつくりあげた「形相」と「質料」というカテゴリーによってすべての存在者の存在構造を解き明かそうとするものでしたが、前にも言ったように、これは自然的存在者の存在構造には適用しにくいカテゴリーであり、その意味でプラトンの制作的存在論はギリシア伝来の自然《フュシス》的存在論と真向から対立するもの、ギリシア人にとっては「異国風《エクトポーテロス》」に思われるものでした。殊にプラトンの弟子たちによって、プラトンのあの実践的関心から切り離され一個の理論体系として受けとられたイデア論にはひどくおかしなところが見受けられました。プラトン自身、晩年にはみずからイデア論批判をおこなっていましたが、アリストテレスもやはりイデア論の批判から出発します。マケドニア育ちの彼自身、ソクラテスやプラトンのように生命を賭けてまで守るべき祖国はなく、したがってプラトンにあってのようにイデア論を実践的関心との厳しい緊張関係のうちでとらえることができなかったからなのか、それとも、自分にとって兄弟子にあたる人たちによって純粋な理論体系として受けとられたイデア論のおかしさを批判したかったからなのかは、明らかではありません。しかし、いずれにせよ彼は、制作物にしか適用できない「形相」と「質料」というプラトンの存在論のカテゴリーを修正して、自然的存在者にも適用しうるものにしようと試みます。それは、つまり、プラトンの制作的存在論のゆきすぎを巻きもどして、ギリシア伝来の自然的《フュシス》存在論との調停をはかるということです。

プラトンは形相と質料の結びつきをまったく外的・偶然的なものだと考えましたが、アリストテレスは質料、たとえば仕事場にある材木にしても、柱に向くものと机の上板に向くものとがあるはずであり、質料とはなんらかの形相を可能性としてふくんでいるもの、「可能態《デュナーミス》」の状態にあるものだと考えます。そして、彼はその可能性が現実化された状態を「現実態《エネルゲイア》」と呼びます。つまり、アリストテレスは、「質料―形相」という図式を「可能態―現実態」という図式に組み替えるのです。この定式によってなら、自然的存在者の存在構造をもとらえることができます。たとえば、樫《かし》の木の種子は「可能態《デュナーミス》」にある存在者であり、その可能性が現実化された樫の巨木は「現実態《エネルゲイア》」にある存在者だと考えるわけです。われわれは、たとえばアリストテレスの『自然学』第二巻第一章のうちに、彼のこの組み替え作業を一歩一歩跡づけることができます。そこで彼は、「自然《フュシス》によって存在するもの＝自然物《タ・フュセイ・オンタ》」と「技術《テクネー》によって存在するもの＝制作物《タ・テクネー・オンタ》」からそれぞれ一つずつ例を引いて、彼が組み替えてみせた「可能態―現実態」というカテゴリーがそのいずれにも適用可能であることを論証しています。ここでは、「自然《フュシス》」と「技術《テクネー》」、「自然物」と「制作物」とが対立的なものとしてとらえられており、アリストテレスはこの両者の存在構造を統一的にとらえようと企てています。彼が自然《フュシス》的存在論と制作的存在論の調停をはかっていることとは明らかです。ここから遡《さかのぼ》って考えてみても、アリストテレスの眼にプラトンの存在論が制作物をモデルにした特異な存在論として映っていたと考えてよいと思います。

　こうしてアリストテレスは、自然物であれ制作物であれ、すべての存在者は可能態から現実態へ向かう運動のうちにあると考えます。たとえば、森のなかに聳《そび》えている樹は材木になる可能態にあり、仕事場に置かれている材木はその現実態だということになりますが、次にその材木はたとえば机になる可能態とみなされ、机がその現実態だということになり、可能態―現実態の関係はどこまでも相対化されます。ということはつまり、すべての存在者はそのうちに潜在している可能性を次々に現実化してゆくいわば目的論的運動のうちにあるということです。こうして、アリストテレスの描く世界像は、プラトンのそれと違って動的であり、きわめて広い意味で生物主義的です。プラトンのばあい、現実の個物の世界は、永遠に不変なイデアの世界の模像なのですから、原理的にはそこに変化はないはずです。もしあるとすれば、それは質料によって起こるものであり、まったく無意味な変化でしかありません。そのために後世、プラトンの世界観とアリストテレスの世界観が対立的なものとみなされ、一方は数学的、他方は生物主義的と呼ばれることになりますし、この二つの世界観が交替してその後の思想史を規定してゆくことになります。いかにもアリストテレスがプラトンの世界観を意識して、それと対照的な世界観を構成したかのようですが、そうではなく、彼がギリシア本来のフュシス的な考え方にもどろうとしていたのであることはすでにお分かりと思います。これがまた、単に二人の個人的な性格の違いだけから生じた対立でないことも理解していただけたかと思います。

## イデア論の批判的継承

ところで、すべての存在者のその運動が目指している目的《テロス》(=終極点)を、アリストテレスは「純粋形相」とか「神《テオス》」と呼びます。純粋形相とは、おのれのふくむすべての可能性を現実化し、もはや現実化されていない可能性をまったく残していない存在、したがってそれ以上動くことのない存在のことです。もはやみずからは動くことなく、他のすべての存在者の運動をおのれへ引きよせるこの「不動の動者」こそが世界の究極の目的《テロス》だということになります。ところで、この純粋形相はもはやいっさいの生成消滅をまぬがれているわけですから、超自然的な存在とみなすしかありません。そのかぎりプラトンのイデアと同質です。してみれば、アリストテレスは、たしかにプラトンの存在論を批判し修正はするのですが、しかし修正しながらもやはりそれを継承していることになります。古くからギリシア人にとって「万物《タ・パンタ》」を意味してきた「自然」の外にイデアという超自然的原理を設定し、それを参照しながら自然の存在を理解しようとする、プラトンの果たした決定的な思考様式の転回を、アリストテレスも結局は承け継いでいるのです。アリストテレスの存在論は、いかにもプラトンの存在論のゆきすぎを巻きもどし、伝統的な自然《フュシス》的存在論にもどろうとしているかのように見えますが、そこにはすでにプラトンが介在しており、アリストテレスはそれへ逆らおうとしながらも、結局はその思想圏に引きこまれてしまったようです。

彼はまた、プラトンが区別した「形相」によって規定される存在（……デアルという意味での存在）と「質料」によって規定される存在（……ガアルという意味での存在）とを、「それが何であるかという存在《ト・ティ・エスティン》」と「それがある（かないか）という存在《ト・ホティ・エスティン》」という言葉で概念化してみせています。アリストテレスのこの二つの存在概念が、のちに中世のスコラ哲学者の手で、「本質存在《エッセンティア》」と「事実存在《エクシステンティア》」というラテン語に定着されることになるのです。たしかにアリストテレスは、プラトンのように、イデアに由来する「形相」によって規定される事物の本質存在を、「質料」によって支えられるその事実存在に優越させることはせず、可能態から現実態へ運動してゆく個物の事実存在を第一義的なものと考えました。ここでも彼は、プラトンに逆らってギリシア古来の考え方にもどろうとしているかに見えますが、彼にあってもやはり、すでに「存在」は二義的に分岐してしまっているのであり、あの原初の単純性を失ってしまっていることになります。本質存在と事実存在のいずれを優越させるかは、この後も繰りかえし問題にされるのですが、いずれを優越させるにしても、この二つの存在が区別されてしまっていることに変わりはありません。ハイデガーの言うように、この二つの存在の区別とともに「哲学」がはじまるのだとすれば、プラトンに対して際立った対立関係にあるように見えながらも、やはりその基本的な思想を承け継いだアリストテレスのもとで、プラトンとともにはじまった「哲学」は本格的な軌道に乗せられたのだとみなさざるをえないようです。

## 形而上学的思考様式

ところで、アリストテレスがプラトンのイデア論のそうした批判的継承を正面きってやってみせた講義、アリストテレス自身が「第一哲学」（protē philosophia《プローテー・フィロソフィア》）と呼んでいた講義のノートが、後世『形而上学《けいじじょうがく》』（metaphysica《メタフュシカ》）と呼ばれるようになりました。これには、次のようないきさつがあります。前にもふれたように、アリストテレスの死後二百年くらいしてから、ロドスのアンドロニコスが彼の講義ノートを整理編纂しましたが、その時アンドロニコスは「第一哲学」のノートを『自然学』（ta physika《タ・フュシカ》）のノートの次に配置し、これを「自然学の後の巻」（ta meta ta《タ・メタ・タ・》 physika《フュシカ》）と呼びました。ローマ時代にそれがそのままラテン語に移されて metaphysica《メタフュシカ》 と呼ば

アリストテレス

れましたが、この段階でもそれはいわば講義録の配列順を示す呼び名にすぎませんでした。ところが、その後古代末期にアリストテレス哲学がキリスト教神学の組織化に利用されるに及んで、ギリシア語のmeta《メタ》（……の後の）という前置詞に「……を超えて」という意味もあるところから、これが「超自然学」という意味で受けとられるようになったのです。日本語の「形而上学」という訳語も、形のある自然を超えたそれ以上のものについての学問という意味です。この「形而上学《メタフュシカ》」（超自然学）という呼称は、アリストテレスの「第一哲学」の性格を端的に示していたので、それがその後今日にいたるまでそのまま踏襲されることになりました。

　ところで、もしプラトンのイデア論の批判的修正であるアリストテレスの「第一哲学」が「形而上学」と呼ばれてよいとしたら、プラトンのイデア論そのものも、いやそれこそが「形而上学」と呼ばれるべきではないでしょうか。ただし、われわれはいまこの「形而上学」という言葉を、単に超自然的なものについての学問という伝統的な意味においてではなく、もっと限定された特定の意味で使おうと思います。それは、この現実の自然の外になんらかの超自然的原理を設定し、それに照準を合わせながら、この自然を見てゆこうとする特殊なものの考え方、思考様式という意味です。プラトンの説くイデアはまさしく生成流転する自然を超えて樹てられた超自然的つまり形而上学的原理にほかなりません。彼はこのイデアに照準を合わせながら自然を理解しようとするのです。そうなると自然は、そのイデアに由来する形相《エイドス》によって形成されるための単なる素材、それ自身のうちにはいかなる生成力をもたない無機的、惰性的な材料・質料《ヒュレー》と見られることになります。プラトンは、国家《ポリス》やその市民は一定の理念を目指して形成されるべきだという自分の実践哲学を基礎づける一般的存在論として、すべての存在者はつくられたもの、ないしつくられるべきものだという制作的存在論を構想したのですが、そうすることによってはからずも「形而上学的思考様式」を西洋という文化圏にもちこむことになったわけです。「哲学」と呼ばれる知の本質をなすのも、実はこの形而上学的なものの考え方、形而上学的思考様式にほかなりません。

## 形而上学的思考様式と物質的自然観

先ほど述べたように、この形而上学的思考様式のもとでは、自然とは制作のための単なる材料・質料にすぎません。「物質《マテリアル》」という言葉はギリシア語の「材料・質料《ヒュレー》」のラテン語訳「マテーリア」に由来し、単なる無機的な質料としての物という意味ですが、自然をそうした物質と見るいわゆる「物質的自然観」と形而上学的思考様式とは連動しているのです。そして、この思考様式のもとでは、自然はそれ自体では悪しきものであり非存在なのであって、超自然的原理によって形成され、構造化されることによってはじめて存在者になりうるのだとみなされます。その意味では、形而上学的思考とは、自然に背を向け、自然から離脱してゆくことをよしとする反自然的な思考、不自然な思考だということになりましょう。してみれば、ソクラテスが「哲学《フィロソフィア》」という言葉にこめたアイロニー、そしてそのアイロニーの本質をなしていたあの無限否定性というのも、実は生きた根源的自然に向けられていたと考えてよさそうです。こうしてソクラテス、プラトン、アリストテレスというギリシア古典時代の三人の思想家のもとで、自然に包まれそのなかで生きているいかなる自然民族にもかつて生まれなかったような不自然な思考様式、つまり「哲学」が世界史上はじめて形成され、軌道に乗せられたことになります。その超自然的原理、形而上学的原理は、その時どき「イデア」と呼ばれ、「純粋形相」と呼ばれ、「神」と呼ばれ、「理性」と呼ばれ、「精神」と呼ばれて、その呼び名を変えてゆきますが、この思考パターンそのものは、その後多少の修正を受けながらも一貫して承け継がれ、それが西洋文化形成の、いや少くとも近代ヨーロッパ文化形成の基本的構図を描くことになるのです。私が本書でこれから見てゆこうと思っているのも、この形而上学的思考様式のその後の継承展開のありさまです。くどく繰りかえすことになりますが、その際、この「形而上学的思考様式」と「物質的自然観」、そして「本質存在」と「事実存在」との存在概念の二義的区別――「事実存在」に対する「本質存在」の優越ということもそこにふくまれます――とがつねにワン・セットになっているということを念頭に置いていただきたいと思います。こうした不自然な思考様式によって規定されながら形成された近代ヨーロッパ文化は、そのかぎりではやはり不自然な文化だということになるわけですが、ヨーロッパそのものの内部でその形成原理への深刻な反省がはじまるには、少くとも十九世紀まで待たなければなりません。

## 形而上学的思考様式の普及過程

もっとも、注意していただかなければならないのは、こんなふうにプラトンによってまったく新たな存在論、新たな思考様式が準備され整備されたといっても、それがただちにその現実的有効性を発揮したわけではないということです。サルトル(Jean-Paul Sartre, 1905―1980)が『弁証法的理性批判』の序論「方法の問題」で哲学を定義して、哲学とは一時代の知の統合を果たし、「当代の人びとの認識と実践を照明して」、いわばその文化形成を指導するものだと言っておりますが、むしろそうした例は少く、思想というものが現実的有効性を発揮するには、百年、さらには千年という単位での時間が必要なばあいがあるということのよい例を、プラトン哲学は与えてくれます。というのも、プラトン自身はその時代のアテナイにあって、いわば季節はずれの人でした。彼の政治的実験はことごとく失敗に終わりましたし、彼の祖国アテナイは、彼の勧告などはまったく無視して、ひたすら没落の一途をたどることになりました。彼の思想は、当時は、彼がアテナイに開いたアカデメイアという学校に集まってきていたごく少数の弟子たちに伝えられたにすぎません。もっとも、前にも述べたように、このアカデメイアは、その後ヘレニズム時代からローマ時代を経て、紀元五二九年、東ローマ帝国皇帝ユスティニアヌスの哲学禁止令によって閉鎖されるまで、およそ九百年間その学燈を灯しつづけ、プラトン哲学の普及に貢献しました。一方、このアカデメイアとは別に、プラトン哲学は三世紀に、当時エジプトのアレキサンドリアにいたプロティノス（Plotinos, 205—269）によって、おそらくはユダヤ神秘思想の強い影響下に、神秘主義的色彩の濃い新プラトン主義に改造されました。古代末期にプラトン哲学がキリスト教の教義に取り入れられるのは、大部分この新プラトン主義を経由したかたちでなのです。そして、そのようにキリスト教と結びつくことによって、プラトン哲学は最初にその現実的な有効性を発揮することになりますが、それはプラトンの死後千年近く経ってからのことなのです。ここでくわしく立ち入ることはできませんが、その間の事情をごく簡単に見ておきましょう。

### プラトン－アウグスティヌス主義的教義体系

古代末期に、キリスト教徒がローマ帝国領内で布教活動をはじめ、苛酷《かこく》な迫害に耐えて、やがて四世紀末テオドシウス皇帝のもとでローマの国教として認められるにいたる前後、キリスト教、殊にローマン・カトリック教会は急速にその教義体系を整備しなければなりませんでした。というのも、高度のギリシア哲学的教養を身につけたローマ帝国の市民に布教するためには、彼らを納得させるに足るだけの理論的基礎づけが必要だったからです。二世紀の護教家（Apologist《アポロギスト》）と呼ばれる人たちにつづいて、三、四世紀にそうしたキリスト教の教義体系の整備に尽力した人たちは「教父」（Patres《パトレース》）と呼ばれ、彼らの思想が普通「教父哲学」と呼ばれています。その仕事は、結局のところ、ギリシア哲学を下敷にしてキリスト教の教義を体系化することにありましたが、その際、プラトンやアリストテレスの哲学が有力な下敷として使われたわけです。

教父哲学の完成者、つまり古代末期におけるカトリック教会の教義体系の大成者は

アウグスティヌス

アウグスティヌス（Augustinus, 354—430）ですが、彼はまさしく新プラトン主義を経由したプラトン哲学を下敷にしてこの仕事をやってのけたのです。そこでは、プラトンの二世界説が「神の国」（civitas《キヴィタス・》 Dei《ディ》）と「地の国」（civitas《キヴィタス・》 ter-rana《テラーナ》）の厳然たる区別というかたちで承け継がれ、あの制作的存在論が世界創造論を基礎づけ、イデアにかわってキリスト教的な人格神（イデアは神の理性《ヌース》に内在する観念と考えられる）が形而上学的原理として立てられることになります。

このように神の恩寵《おんちょう》の秩序と世俗の秩序とを截然《せつぜん》と区別するプラトン-アウグスティヌス主義的教義が正統教義《オーソドクス》として承認されたのには、「神のものは神に、カエサルのものはカエサルに」という聖書の言葉を拠りどころに、一方では、世俗の秩序たるローマ帝国との共存をはかり、他方では、崩壊の瀬戸際にあった西ローマ帝国と運命を共にするのを避けようとするローマン・カトリック教会の政治的意志が働いていたものでしょうが、いずれにせよ十三世紀にトマス・アクィナス（Thomas Aquinas, 1225—1274）によってアリストテレス主義的な新しい教義体系が整備されるまで、この教義が正統として承け継がれてゆく過程で、プラトン主義はキリスト教の信仰と結びついて、文化形成の原動力としての現実的有効性を発揮してゆくのです。ニーチェは、「キリスト教は民衆のためのプラトン主義にほかならない」とさえいっておりもす。四三〇年にアウグスティヌスがヴァンダル族によって包囲されたアフリカ北岸のヒッポの町で世を去って間もない四七六年には、西ローマ帝国が滅亡し、西欧世界はいわゆる暗黒時代に入りますし、東ローマ帝国においても、すでにふれたように五二九年、ユスティニアヌス皇帝の異教弾圧政策のために、プラトン以来九百年におよぶ伝統をもつ、アカデメイアが閉鎖され、ギリシア哲学そのものは遠く東方に姿を消すことになりますが、プラトン主義、つまり形而上学的思考様式はそうした世俗化されたかたちで承け継がれ、普及してゆくことになるのです。

# 第七章　デカルトと近代哲学の創建

プラトン哲学が、文化形成の指導原理として再度その現実的効力を発揮するのは、さらに千年後、つまり近代初頭にヨーロッパ文化がまさにその方向を決定しようとする時にのぞんでなのですが、まずそこにいたる間の事情を簡単に見ておきましょう。

## アリストテレス－トマス主義的教義体系

よく知られているように、ゲルマン民族の大移動によって、古代地中海世界を舞台に展開されたギリシア・ローマ文化はほとんど姿を消し、数世紀間のいわゆる暗黒時代を経て、新たな中世キリスト教文化が花開く頃には、歴史の舞台もヨーロッパに移り、各地に定住したゲルマン諸族がその主要な担い手となります。もっとも、このゲルマン諸族が近代的な国家組織を整備するにはまだ当分間があり、ローマン・カトリック教会の教区網だけがヨーロッパを統一的にまとめあげる唯一の組織でした。これも、最初のうちは形ばかりのものでしたが、やがてローマ法王が加冠権をもつ神聖ローマ帝国皇帝を介して現実的なものになってゆきます。しかし、そのようにローマン・カトリック教会が実際に世俗支配に手を染めることになってみると、「神のものは神に、カエサルのものはカエサルに」という聖書の言葉を拠りどころに、神の国と地の国、恩寵《おんちょう》の秩序と自然の秩序、教会と国家、信仰と知識、とを截然《せつぜん》と区別してきたプラトン-アウグスティヌス主義的教義体系では具合の悪いことになります。教会がこうした世俗支配を正当化してくれる新しい教義体系の整備を急いだのは、当然といえましょう。そして、それに応えてつくられたのが、十三世紀のいわゆるアリストテレス-トマス主義的教義体系なのです。

ところで話は遡りますが、六世紀にユスティニアヌス帝の哲学禁止令によってローマ帝国領内から追放されたギリシア哲学研究者たちは遠くアラビアに逃れ、そこでこれを守りつづけましたが、やがてその地がイスラムの支配するところとなるや、この古代ギリシアの遺産もイスラム文化のうちに包摂《ほうせつ》されることになります。殊にイスラムの教義の基礎づけに利用されたアリストテレス哲学は、アヴィケンナ（Avicenna, 980—1037)、アヴェロエス（Averroes, 1126—1198）といったアラビアの哲学者たちによって熱心に研究されました。殊にアヴェロエスのいたコルドバ大学はアリストテレス研究のメッカでした。そして、十二世紀に十字軍の運動がはじまりイスラム圏と

トマス・アクィナス

の交流がはじまると、このアリストテレス哲学が、まずはアラビア語訳で、ついでギリシア語の原典のままヨーロッパに移入され、ラテン語訳されて、キリスト教の教義の再編成のために使われることになります。

十二世紀に、教会や修道院付属の学校（schola《スコラ》）の教師たちによってはじめられた教義体系の再編成というこの仕事は、その後大学の研究者たちの手に移りはしますが、名前だけは依然として「スコラ哲学」（philosophia scholastica《フィロソフィア・スコラスティカ》）と呼ばれていました。そのスコラ哲学のいわば大成者がトマス・アクィナスなのですが、彼は、新しく移入されたばかりのアリストテレス哲学を下敷にして、プラトン‐アウグスティヌス主義に代わる新たな教義体系を組織することになります。

前にもふれたように、もともとアリストテレスの哲学はプラトンのイデア論を修正しようという意図をもつものであり、そのために彼は形相《エイドス》を、プラトンのように超越的なイデアから借りてこられて質料《ヒュレー》に外から押しつけられるものとしてではなく、質料《ヒュレー》そのものに内在していて、その生成を内側から導くものと考えたわけですから、彼にあっては、プラトンのイデア界にあたる純粋形相（いっさいの質料をふくまぬ最高の形相）が、プラトンのばあいのようにこの現実界をまったく超越したところにではなく、この現実界との一種の連続性のうちにあるものと考えられました。したがって、この哲学を下敷にして考えれば、神の国と地の国、恩寵《おんちょう》の秩序と自然の秩序、教会と国家とが、アウグスティヌスにあってのように絶対の非連続の関係においてではなく、連続的なものとしてとらえられ、教会が国家なり世俗の政治なりに手を染め、それを導いたとしても、むしろ当然だということになります。当時ますます勢力を強めつつあった国民国家との関係に苦慮していたローマ教会にとってきわめて有利な解決を与えてくれるこのアリストテレス‐トマス主義的教義は、以後中世を通じて教会の正統教義《オーソドクス》と認められることになりました。しかし、そのように当然のこととして世俗政治に足を踏み入れた教会やその聖職者たちが、その後いかに腐敗堕落していったかは、よく知られているとおりです。

## プラトン‐アウグスティヌス主義復興運動

そこで、中世末期になるとふたたび、教会に世俗政治からはっきりと手を引かせ、その浄化をはかろうとするプラトン‐アウグスティヌス主義復興の運動が各方面で澎《ほう》湃《はい》として起こってきます。この運動は、十五世紀のルネサンスの時代には、人文主義的な立場でのプラトン復興の運動――これは、メディチ家の後援のもとにプレトン(Georgios Gemistos Plethon, 1355頃―1450頃)がフィレンツェに創設したプラトン・アカデミーによって、組織的に推進されました――からも側面的な援助を受け、やがて、十六世紀にはルター(Martin Luther, 1483―1546)の宗教改革運動にまで次第に高まってゆきます。しかも、この運動は、当時まったく逆の動機からローマン・カトリック教会の桎梏《しっこく》を脱して、近代国家建設をはかる諸勢力によって推進されていた国民主義の運動と利害を等しくしていたため、その強力な後援を受けることになりました。近代哲学の方向を明確に決定したデカルト哲学も、もともとはこうしたプラトン‐アウグスティヌス主義復興の運動の一環として登場してきたものだったのです。スコラ哲学やルネサンス時代の哲学についても語るべきことは少なくないのですが、あまり話が散漫になりすぎないように、いまは、これからみようとするデカルト哲学の性格を明らかにしてくれる範囲内に限って見ておきましょう。

先に見たように、アリストテレスの哲学は、制作物の存在構造をモデルにしてつくられたプラトンの存在論を修正して、自然的存在者、たとえば生物の存在構造をもうまく理解できるようにしようとしたものですから、プラトンのそれを数学的というようななら、アリストテレスの存在論は生物主義的と言ってよいものを、たしかにもっていました。したがって、そのアリストテレス哲学を下敷にしてつくられたトマスの哲学や、もっと広く、一般にスコラ哲学の自然観は、「実体形相」といった一種の生命的原理を軸にして組み立てられた生物主義的な性格のものであり、自然を数量的にではなく質的に見ていこうとするものでした。一方、ルネサンス時代の哲学は、再発見されたギリシア・ローマの古典やアラビアの科学、ユダヤの神秘主義思想など、実に多様なものの影響を受けて、まことに百花繚乱、ありとあらゆる傾向を雑然と秘めたものでしたが、少数の例外を除けば、大体においては、やはり「生きた自然」といったふうな有機体論的自然観をとっていました。ところが、その少数の例外のうちに、ガリレイ（Galileo Galilei, 1564—1642）のように自然をもっぱら数量的に見ようとする人たちがおりました。デカルトはこの人たちの考え方を承け継ぎ、それに存在論的基礎を与えることによって、スコラやルネサンスの有機体論的自然観とは対照的な近代の機械論的自然観を確立することになるのです。そして、デカルトのこの存在論的基礎づけの仕事を促し支えたのが、前述のプラトン‐アウグスティヌス主義復興の運動だったのですが、その間の事情についてはもう少し立ち入って考えてみなくてはなりません。

## 機械論的自然観

周知のように、こうした科学的な――というのがまだ早すぎるとしたら、少なくとも機械論的な――自然観は、コペルニクス（Nicolaus Copernicus, 1473―1543）やケプラー（Johannes Kepler, 1571―1630）の天文学的研究によって準備されてきたものです。もっとも、コペルニクスのばあい、その地動説は必ずしも観測的事実からの帰納だけによって得られたものではなく、むしろ古代ギリシアのピュタゴラス教団、殊に紀元前三世紀のサモスのアリスタルコス（Aristarchos, B.C. 310―230）の太陽崇拝に根ざす地動説に示唆されたものであり、そのため「自然は単純性を好む」という信条から、惑星の軌道を完全な円とみなすような宗教的・汎心論的な面を残していました。ケプラーも初期にはそうした思弁的な立場で地動説を主張していたのですが、後年実際の観測結果にもとづいて天体運動の三法則を発見することにより、擬人論的・汎心論的な自然観から解放され、自然をもっぱら物質的に、そして物質をもっぱら量的関係に即してみる立場を確立しました。「物質のあるところ、そこには幾何学がある」(ubi materia, ibi geometria《ウビー・マテリア・イビー・ゲオメトリア》) とか、「宇宙は量に分与している」(mundus《ムンドゥス・》 participat quantitate《パルティキパト・クワンテイターテ》) といった言葉に、彼の立場が明確に見てとれます。

一方、力学の領域でもすでにレオナルド・ダ・ヴィンチ（Leonard da Vinci, 1452—1519）が、経験の重要性と、その経験的認識の結果に数学的表現を与えるべきことを強調し、力学こそ「数学的科学の楽園である」と主張していましたが、その方向をガリレイがいっそう徹底することになります。よく知られているように、彼は数々の天文学上の発見（金星の盈虚《えいきょ》の発見による地動説の裏づけ、木星の衛星の発見、その他）のほかにも、慣性の法則や落体の法則など力学上の重要な法則を発見し、天体の運動と地上の物理現象を統一的にとらえる見地を獲得しましたが、おそらくその最大の功績は、みずからの発見を認識論的に反省して、数学的自然科学の方法を確立したところにありましょう。彼の根本思想は、「自然という書物は数学的記号で書かれている」のだから、それを読み解くことこそが自然研究の目的だ、というところにあります。したがって彼は、一方では感覚的経験を重視しながらも、他方では思考によってその感覚的所与のうちに数学的に表現可能な量的関係をもとめることの重要性を力説します。そして、そのためには、自然を単に受動的に観察するだけではなく、実験という手段によって、こちらから能動的に自然に働きかけねばなりません。実験は、感覚的経験の所与のうちから量的に規定可能な単純な要素を切り取ることを可能にしてくれます。これは自然界を織りなす単純な要素を分析的に取り出すことですから、ガリレイはこれを「分析的方法」(metodo risolutivo《メトード・リゾルティヴォ》)と呼びました。こうしてこの方法によって自然界の単純な要素が確認されたら、次にそれらの要素を数学的計算によって相互に結合し、その結果をふたたび実験によって確かめる必要があります。彼はこの手続きを「総合的方法」(metodo compositivo《メトード・コンポジティヴォ》)と呼んでいます。このように分析と総合という二重の方法によって自然を織り上げている量的関係をとらえ、それを数学的に表現するというこのガリレイの方法によって、近代の数学的自然科学の方法論的基礎が確立されることになりました。

### 数学的自然研究の謎

ところで、ここに一つ大きな問題があります。というのは、自然というのは感覚的経験によってわれわれに与えられる、われわれの外部にあるものです。ところが、一方、数学的諸観念、たとえば数の観念や、幾何学的図形の観念は、けっして感覚的経験の所与、つまり外的世界から得られた経験的観念ではなく、当時の人たちの考えでは、われわれの精神に生まれつきそなわっている「生得《せいとく》観念」であり、いわば神によってわれわれの精神に植えつけられたものです。事実、二とか三といった観念に対応する対象、あるいは幾何学的観念に対応する対象、たとえば純粋な二次元の平面に幅のない線が描かれた三角形といったものは、けっしてわれわれの感覚的経験に与えられることはありません。にもかかわらず、われわれの精神のうちにはそうした観念があり、われわれがそれを用いて数学的認識をおこなうことができるのである以上、それらの観念は精神に生得的なもの、つまり神によって植えつけられたものであり、精神が精神たる以上すべての精神が等しくそなえているものだと考えたくもなるわけです。してみれば、外的経験の対象たる自然の研究に、そうした外的経験とは無関係にわれわれのうちにそなわっている数学的諸観念が適用されうるということは、けっして当然なことではなく、むしろ、なぜそうした適用が可能なのか、その存在論的な基礎づけが必要なはずです。ただやってみたらうまくいったというだけでは、この方法を自然研究一般に及ぼしうる普遍的方法だと主張するわけにはいきません。この存在論的基礎づけの仕事をデカルトが果たすことになるのです。しかし、その問題について考えるに先立って、それまでにデカルトがたどってきた道を簡単にふりかえっておきましょう。

## デカルトの生涯

デカルトは一五九六年、当時のフランスにあっては新興階級であった官僚貴族の家に生まれ、一六〇六年、十歳の時から十年間、ラ・フレーシュに新設されたばかりのイエズス会経営の王立学院で、当時としては最高の教育を受けました。しかし彼は、そこで得た知識にあきたらず、この学園を卒業してからはもっぱら「世間という大きな書物」から学ぼうと考え、さしあたり当時の貴族の子弟の慣例に従って、軍隊に、し

デカルト

かもオランダ軍に入隊します。ナッサウ伯マウリッツの率いるこのオランダ軍は、早くから数学や物理学的研究の諸成果を、建築術や築城術、火器の製造といった軍事科学に利用しようと試み、多くのすぐれた学者を集めていましたから、すでにラ・フレーシュの学院にいる頃から数学の機械工学への応用に関心をもっていたデカルトが、特に選んでこのオランダ軍に志願したということは十分に考えられることです。

このオランダ滞在期間中の一六一八年の十一月に、デカルトはブレダの町で、後にユトレヒト大学の総長となるイサーク・ベークマン（Isaac Beeckman, 1588―1637）と知り合い、彼に教えられてガリレイの発見した物体落下の法則の追実験や流体力学的研究など、いわゆる数学的自然科学――デカルト自身はこれを「物理－数

学」(physico-mathématiques《フィジコ・マテマティク》) と呼んでいます――の方法による研究をおこない、自然研究への数学の応用の有効性を身に沁みて感じたようです。

　この有効性とは、言ってみれば、単なる経験的認識でしかない自然研究に数学的表現を与えることによって、それに数学的認識のもつ確実性を与えうる、ということにほかなりません。前にも申しましたように、数学的認識は、経験を通じて得られた経験的観念とはまったく異質な生得観念、すべての精神に生来等しくそなわっている観念にもとづく認識なので、経験的認識のもちえないような普遍性と確実性をもちうる、と古くから信じられてきました。数学的認識の確実性を深く信頼していたデカルトは、数学的方法を適用することによって自然研究にも同じような確実性を与えうると考えたわけです。彼はさらに、もし数学的認識に特有なこの方法をうまく抽出して、他の諸学問にも同じように有効に適用することができるならば、すべての学問を方法論的に統一し、そうして得られる確実な認識の体系ともいうべき「普遍学」(mathesis universalis《マテーシス・ウニヴェルサーリス》) を構築しうるにちがいないと考えるにいたります。

　こうした着想がデカルトに浮かんだのは、一六一九年、彼がオランダを離れて、三十年戦争開戦後間もないドイツに旅をし、おりしも冬の初めドナウ河畔のウルム近郊の一寒村に身を休めていた時でした。当時デカルトは、カトリック陣営の中核をなしていたバヴァリア公マクシミリアン一世の軍隊に所属していましたが、戦線が小康状態を保つままに、この村に身を寄せていたわけです。彼は、十数年後に書いた『方法叙説』（Discours de la méthode《ディスクール・ドゥ・ラ・メトード》, 1637）のなかで、この時のことを次のように回想しています。

> 当時私はドイツにいた。そこでいまなお終わっていないあの戦争に心ひかれて私はそこへ行っていたのである。そして皇帝の戴冠式を見たのち、軍隊に帰る途中、冬がはじまってある村にとどまることになったが、そこには私の気を散らすような話の相手もおらず、また幸いなことになんの心配も情念も私の心を悩ますことがなかったので、私は終日炉部屋にただひとりとじこもり、このうえなくくつろいで考えごとにふけったのであった。

この時デカルトがまず思いついたのは、こういうことでした。――つまり、一つの建物にしても都市にしても、大勢の人間が当てもなしにつぎつぎに建て増していったものに比べれば、一人の技師が設計したものの方がはるかに整然としている。おなじように学問にしても、種々雑多な人たちの意見で少しずつ組み立てられたものよりも、一人の人間が一定の方法に従ってつくり上げたものの方が真理に近づく捷径《しょうけい》であるにちがいない。今こそ、その方法をもとめ、確実な認識の体系を構築すべきだ――と、だいたいこんなふうなことをです。

### 普遍数学の構想

そこで、彼はまず数学的認識一般を確実な認識たらしめているその方法を抽出し、それを数学以外の他の諸学問にも適用しうるよう形式化しようと試みます。ところで、いま数学的認識一般という言い方をしましたが、それは、古くピュタゴラス教団以来、数学（mathematica《マテマティカ》）とは、もともとはピュタゴラス教徒として「学ぶべきもの」という意味）ということで算術・幾何学・天文学・音楽の四学科が考えられてきましたし、デカルトの時代にはさらにこれに代数学、光学、力学などがくわえられていたからです。デカルトは、これらのまったく対象領域を異にする学問が等しく数学の名のもとに包摂されるにはそれなりの理由があるにちがいなく、その理由は結局「順序（ordo《オルドー》）あるいは量的関係（mensura《メンスラ》）が問題とされるすべての事物は数学に関係し、そしてこのような量的関係が、数において問われようと図形において問われようと、あるいは量に関して問われようと、音に関して問われようと、それは問題ではない」からだと考えました。ここで天文学や音楽がもち出されるのに不審を感じる人がいるでしょうが、ピュタゴラス教団においては、天文学においては天体の運動相互間の比例関係が問われ、音楽においては音の高さ——結局はその音を発する弦の長さ——相互間の量的関係が問われると考えられていたからです。してみれば、数とか図形とか天体の運動、音の高低といった特殊な質料にしばられることなく、ただその形式、つまり順序と量的関係だけにかかわる学問を考えることができるにちがいありません。デカルトはこれを狭い意味での「普遍学」——広義のそれと区別していうなら「普遍数学」——と呼んでいます。そして、もしこうした学問が可能なら、それを介して数学的諸学科、たとえば幾何学と代数学とを結びつけ、代数方程式を幾何学的図形によって表現し、幾何学的図形を代数方程式によって表現するといったふうに、両者を相互表現の関係におくことができるにちがいありません。事実、いわゆる解析幾何学はデカルトの創案にかかるものですが、これは、このような普遍数学探究の途上思いつかれたものなのです。

**方法への関心**

こうしてデカルトは普遍数学を構想することによって、数学的認識一般に共通し、それに確実性を約束してくれる形式的方法をとり出し、それを人間認識一般に適用することによって広義の「普遍学」——そこには自然科学だけではなく、ゆくゆくは道徳（倫理学）のような実践的学問も包摂されることになります——を構築しうると考えました。彼が形式化し理念化して取り出してみせた確実な認識の方法とは、おおよそ次のようなものです。

第一は、私が明証的に真であると認めたうえでなくてはいかなるものをも真として受け入れないこと。

第二、私が吟味する問題のおのおのを、できるかぎり多くの、しかも、その問題をもっともよく解くために必要なだけの数の、小部分に分かつこと。

第三、私の思想を順序に従って導くこと。もっとも単純でもっとも認識しやすいものからはじめて、少しずつ、いわば段階を踏んで、もっとも複雑なものの認識にまでのぼってゆき、かつ自然のままでは前後の順序をもたぬものの間にさえも順序を想定して進むこと。

最後には、何ものも見落とすことがなかったと確信しうるほどに、完全な枚挙と、全体にわたる通覧とを、あらゆる場合におこなうこと。

ここまで一般化されてしまうと、単に心構えが説かれているだけで、とりたてて方法というほどのこともないのではないかと思われる人がいるかも知れませんが、これを前に述べたガリレイの「分析的方法」と「総合的方法」に対応させてみるならば、やはりここでデカルトが明らかに数学的自然研究の具体的手続きを念頭におきながらこれらの規則を考えたにちがいないことが確かめられましょう。事実彼は、この方法によって自然科学の一大体系ともいうべき『宇宙論』(Le monde《ル・モンド》)を構想し、執筆することになります(もっとも、この本は結局未発表におわり、その一部が『方法叙説』の付録として公表されたにとどまりました)。

### 形而上学への転向

それはともかく、デカルトは、ごく短期間の帰国をはさんで通算五年余に及ぶ大旅行を終えて一六二五年にフランスに帰りますが、数年間のパリ滞在ののち、一六二八年にはふたたび故国フランスを離れ、オランダに移住して、その後の生涯の大半をその地で過ごすことになります。そして、このオランダ移住の頃から、デカルトの関心は、それまでの「汎方法主義」ともいうべきかたちでの「普遍学」――自然科学の体系化——の構想から離れ、形而上学的な問題、つまり前にもふれた数学的自然科学の存在論的基礎づけの問題に向かうことになったもののようです。やがてその成果が、一六三七年の『方法叙説』、さらに四一年の『省察』となって世に問われるわけですが、殊に後者は、正しくは『神の存在、および人間の霊魂と肉体との区別を論証する、第一哲学についての省察』(Meditationes《メディタティオネス》 de《デ》 prima《プリマ》 philosophia《フィロソフィア》, in《イン》 quibus《クイブス》 Dei《ディ》 existentia《エクシステンティア》, et《エト》 animae《アニマエ》 Humanae《フマーナエ》 a《ア》 corpore《コルポーレ》 distinctio《ディスティンクティオ》, demonstratur《デモンストラートゥア》) という書名をもち、第一哲学、つまりまさしく形而上学的省察をその内容とするものでした。ここで彼がみずからに課した問題を、ひどく簡単に要約してみれば、こういうことになりましょう。——まず第一に、自然研究と数学との結びつきが必然的なものであるということの論証、第二に、この必然性を論証するということは、自然を徹底して量的に見るということになり、それは、自然を質的にみてきた従来のスコラ哲学的な考え方と対立することになるわけだが、それにもかかわらず、それがけっしてキリスト教の信仰と背馳《はいち》するものではない、ということの論証です。

　ところで、この課題を解決するためにデカルトは次のように考えました。つまり、感覚的諸性質というものは、われわれの肉体的な感覚器官に与えられるものですが、これに反して量的諸関係は肉体的に感覚されるものではなく、精神によって洞察されるものです。したがって、肉体的感覚器官に与えられる質的自然はけっして真に実在するものではなく、それを越えて精神の洞察するものこそが自然の真の姿なのだということを論証すれば、自然研究と数学との結びつきは必然的なものだということが示されることになります。ところで、右の論証のためには、われわれ人間にあって、肉体的存在は偶有的なものであり、われわれの精神はこの肉体から実在的に区別されうるし、そのように肉体から区別された精神こそがわれわれの実体をなすのだ、ということが論証されればよいわけです。『省察』の標題のなかで「人間の霊魂の肉体からの区別を論証する」と言われているのも、このような意図からなのです。

### 方法的懐疑

この論証のためにデカルトのとったのが、有名な「方法的懐疑」(la《ラ・》 doute《ドウト・》 méthodique《メトディーク》)の途でした。彼は、「いささかでも疑わしいところがあると思われそうなものはすべて絶対的に虚偽なものとしてこれを斥けてゆき、かくて結局において疑うべからざるものが私の確信のうちに残らぬであろうか」と考え、まずわれわれの外的感覚器官の教えるところ、つまり外界の存在を疑い、ついでわれわれの内官の教えるもの、つまりみずからの肉体の存在を疑い、さらには数学的認識のような理性の教えることがらをさえも疑ってゆきます。こうしてデカルトは、いっさいを懐疑の坩堝《るつぼ》に投げこみ、もはや「世界のうちには何ものもなく、天も地も、精神も身体も存しない」とみずからを説得し、頼るべき確かなものは何もないという、いわば絶望の淵に立つのですが、その瞬間、彼に一条の光が見えてきます。というのは、彼は、そのようにどれほどいっさいを疑ってみても、そうして疑いつつある「私」が存在していることだけは絶対に確かであり、この「私」の存在は疑えば疑うほど、むしろますますその必然性が確かめられるものだということに気づいたからです。「こうして、〈私は考える、それゆえに私は存在する〉(Je pense, donc je suis《ジュ・パンス・ドンク・ジュ・スイ》) というこの真理は、懐疑論者らのどのような法外な想定によっても揺がすことのできないほど、堅固で確実なものであることを、私は認めたから、これを私の求めていた哲学の第一原理として、ためらうことなく受け入れることができると、私は判断した」と、こうデカルトは言っております (フランス語で書かれた『方法叙説』がその後ラテン語に訳されたとき、右の Je pense, donc je suis. という言葉も cogito ergo sum《コーギト・エルゴ・スム》. というラテン語に訳され、むしろこの簡潔なかたちで有名になりました)。

「私は考える」

ところで、ここでその存在が絶対に確かだとされた「私」とは、いかなるものでしょうか。重要なところなので、少し長いのですが、デカルトの言葉をそのまま引用してみましょう。

私とは何であるかを注意ぶかく検査し、何らの身体をも私がもたぬと仮想することができ、また私がそのなかで存在する何らの世界も、何らの場所もないと仮想することはできるが、そうだからといって私がまったく存在せぬと仮想することはできないこと、それどころではない、私が他のものの真理性を疑おうと考えるまさにそのことからして、私の存在するということがきわめて明証的に、きわめて確実にともなわれてくること、それとはまた逆に、もしも私が考えること、ただそれだけをやめていたとしたら、たとえ、これよりさきに、私の推量していた他のあらゆるものがすべて真であったであろうにもせよ、私自身が存在していたと信ずるための何らの理由をも私はもたないことになる。このことからして、私というものは一つの実体であって、この実体の本質もしくは本性とは、考えるということだけである。そして、かかる実体の存在するためには、何らの場処をも必要とせぬし何らの物質的なものにも依頼せぬものであることを、したがってこの「私」なるもの、すなわち私を私であらしめるところの精神は身体とまったく別箇のものであり、なおこのものは、身体よりもはるかに容易に認識されるものであり、またたとえ身体がまるで無いとしても、このものはそれが本来有るところのものであることをやめないであろうことをも、私は知ったのである。

してみれば、「私は考える、それゆえに私は存在する」と言われるばあいの「私」とは、「考えるもの」(res cogitans《レース・コギタンス》) たるかぎりでの「私」、つまり「心もしくは精神」(mens sive animus《メンス・シヴエ・アニムス》)、「悟性」(intellectus《インテレクトゥス》)、「理性」(ratio《ラティオ》) たるかぎりでの「私」だということになります。こうして、身体から実在的に区別され、それが存在するために身体のようなものはいっさい必要としない精神としての私の存在が確認されたわけですが、デカルトによれば、この確認は直覚的なものであり、それが絶対の真理であるのは、そこに「明晰判明な認識」(clara et distincta perceptio《クラーラ・エト・ディスティンクタ・ペルケプティオ》) 以外の何ものもふくまれていないからなのです。そこで、この純粋な精神としての私がこれと同程度に明晰判明に認識することがらはすべて真とみなしてよい、という真理の基準が引き出されてきます。

## 神の存在証明

デカルトの次のねらいは、この精神が肉体的な感覚器官などにいっさい依存せずに、それだけで洞察するものこそ、自然ないしは物体の真の姿なのだということの論証なのですが、それに先立って、彼は神の存在証明をおこないます。が、それは、実は次のような理由からなのです。デカルトによれば、一般にわれわれのもつ観念は三種類に分類されます。一つは、感覚的経験を通じて外から得られる(1)「外来観念」(経験的観念)、たとえば音とか色とか熱といった感覚的諸性質の観念、あるいは犬とか太陽といった経験的事物の観念であり、もう一つは、それら外来観念をもとにしてわれわれ自身が作り上げた観念、たとえば、半人半獣のシレーヌとか天翔《あまか》ける馬ペガサスの観念のごとき(2)「作為観念」、さらにもう一つが前にも述べた(3)「生得観念」で、数学的諸観念とか神の観念などがそれに属します。ところで、いま問題になっているのは、いっさいの肉体的感覚器官から切り離された純粋な精神なのですから、この精神が「明晰判明」に知覚しうるのは、当然最後の「生得観念」に限られます。しかし、このように精神が一群の観念を明晰判明に知覚しうるからといっても、「明晰判明」というのはあくまで観念を知覚するさいの主観的度合にすぎず、その観念

(idea《イデア》)によって思念されている事態(ideata《イデアータ》)の客観的確実性——その観念に対応する客観が確実に存在するということ——を保証してくれるものではありません。そこで、デカルトはこの生得観念をわれわれに与えた神の存在とその誠実性とを証明し、右の保証を得ようとするわけです。

デカルトがこの証明のためにとったさまざまな手続きを、ここで論ずるには及ばないと思います。ただ、次のことを念頭においておけば、なぜここで神の存在証明が必要となるかをいっそうよく理解できましょう。一般にキリスト教の世界創造論においては、次のように考えられています。——つまり、世界は神によって創造されたものであり、したがって世界には最高の理性的存在者(Ratio《ラティオ》)としての神の意図が、摂理(ratio＝理性的法則)として支配している。一方、神は世界創造の仕上げとして、みずからに似せて人間を創造し、それに理性(ratio)を与えた。したがって、人間の理性は、人間のうちにはあっても、神の理性のミニアチュアであり、いわばその出張所のようなものである。当然、その理性が生得的にもつ諸観念は、世界創造の設計図ともいうべき神の諸観念の部分的写しのようなものだということになる。してみれば、人間理性に生得的な観念と、世界を貫く理性法則とは神を媒介にして対応し合っているわけであり、だからこそ数学的諸観念のように経験とは無関係な生得観念が、それにもかかわらず客観に適合しうるのだ——と、だいたいこんなふうに考えられているのです。デカルトは、いわばこの話の順序を変え、神から出発するのではなく、われわれの精神の直覚的な自己確認から出発し、その上で神の存在証明をおこなうのですが、それでもやはり神を媒介とせずには、われわれの「明晰判明知」の客観的確実性は保証できませんでした。

### 量的自然観の存在論的基礎づけ

こうした手続きを踏んだ上で、デカルトは、最後に「物体」の存在証明にとりかかるのですが、彼は、このように神の存在とその誠実性が保証された以上、「私の精神がその明晰判明な観念をもちうるかぎりでの物体」の存在は信じてもよい、と申します。しかし、精神が明晰判明に洞察しうるかぎりでの物体とはいかなるものでしょうか。それが、たとえば光とか色、音、香、味、熱と寒、その他触覚的諸性質など肉体的な感覚器官を通じてのみ与えられるような感覚的諸性質をもった物体でないことだけは確かです。だが、物体からそうした感覚的諸性質を剝ぎとってしまったら、いったいあとに何が残るでしょうか。残るのはおそらく、その物体が占めている空間的な拡がりだけではないでしょうか。事実、デカルトによれば、それは「大きさ、すなわち長さと幅と深さとからなる延長（拡がり）、このような延長の限定によって生ずる形体、種々の形体をそなえたものの相互に占める位置、および運動、すなわちこのような位置の変化である」。つまり、純粋な精神が洞察しうるのは、まったく空間的な拡がりに還元された物体と、その位置の変化としての運動だけだということになります。

スコラ的な自然観においては、物体の感覚的諸性質は、実体形相という一種の微弱な生命的原理の外に発現したものと考えられ、したがってそれらの諸性質も自然の実質的な構成要素だとされていた（質的自然観）のですが、デカルトにあっては感覚的諸性質は物体そのものに属するものではなく、物体がわれわれの肉体に対して現われる仕方にすぎないのであり、したがって自然を実質的に構成するものではありません。彼にとって、それがなくなれば物体そのものもなくなってしまうような、物体そのものに属する性質は空間的量つまり延長（extensio《エクステンシオ》）だけなのです。デカルトは「物体即延長」（corpus sive extensio《コルプス・シヴェ・エクステンシオ》）という端的な言い方でこの事態を表現しています。

こうして、デカルトによれば、肉体から実在的に区別されうる純粋な精神の洞察するものこそが自然の真の姿であり、そしてそれは、幾何学的に規定可能な空間的延長にすぎない物体と、きわめて機械的なその運動だけからなっており、そこには量的規定をまぬがれるような生命だの質だのというものはいっさい存しないことになります（彼は「力」の概念を十分に評価しえず、これをも自然から排除してしまいました。彼の哲学がしばしば「世界幾何学」と言われるのはこのゆえです）。したがって、自然研究に数学的方法を適用することには十分な必然性があると言えましょう。

## 量的自然観の神学的基礎づけ

ところで、デカルトにとってのもう一つの問題は、スコラ的自然観とはっきり対立するこのような量的自然観がはたしてキリスト教の信仰に背馳《はいち》しないか、ということでした。デカルトは、この点についても十分な確信をもっていたようです。というのは、彼はオランダ移住に先立つパリ滞在期間中、オラトワール修道会の人たちと親しく交わり、プラトン‐アウグスティヌス主義復興の運動にふれていましたが、この立場からすれば、方法的懐疑によって精神を肉体から浄化することはそのまま信仰の道に通ずることになりますし、また、スコラ的に自然を生物主義的に、つまりは目的論的に見ることとは、神の世界創造の意図を人間的知性のレベルで忖度《そんたく》し、いわば神の意志の自由を制限することになりますから、むしろ機械論的自然観の方が望ましく思われたからです。

## 形而上学的思考様式の近代的更新

こうしてデカルトは、数学的自然科学の存在論的、さらには神学的基礎づけにみごと成功したわけですが、同時に彼はこの作業のなかで、後世の眼からみれば、もっと重大な転回をなしとげていました。というのは、たしかに神的理性の後楯があってのことにはちがいないのですが（これが十八世紀の啓蒙主義的理性主義と区別される、十七世紀のいわゆる古典的理性主義の特徴です）、ここでは、自己の存在の確実性に絶対の確信をもつ人間理性がそれについての明晰判明な観念をもちうるもの、これだけが真に存在すると認められているわけです。言いかえれば、人間理性の明確な認識の対象となりうるもの、人間理性がその何であるか（本質存在）を明確に認識しうるものだけが、その現実存在を保証されることになります。こうして、当時の知識の混乱のなかで実に多義的に用いられていた「存在する」という言葉に、「理性の明確な対象でありうること」というまったく一義的な意味が与えられることになりました。ということはつまり、もし世界なるものが存在者の総体を意味するとすれば、この世界にいったい何が存在し何が存在しないかを決定するのは人間理性にほかならない、ということです。そして、当然そのような決定権をもつ理性そのものは、他の存在者と同じ意味では「（世界のうちに）存在する」とは言われえないことになります。その意味で人間理性は、それ自体は世界を超越し、しかも世界そのものをあらしめている形而上学的――後世の用語を借りれば「超越論的」――原理の座を占めるわけです。こうして、かつてプラトンにおいては「イデア」が、アリストテレスにおいては「純粋形相」が、キリスト教神学においては「人格神」が占めていた形而上学的原理の座に、いまや人間理性が坐ることになりました。いや、その準備がととのえられたと言うべきでしょう。人間理性が形而上学的原理の座に坐るといっても、あくまで神的理性の後見のもとにだからです。しかし、それだけでも決定的なことでした。デカルトのもとで起こった重大な転回とはまさしくこのことにほかなりません。そして、この転回のゆえにこそ、彼は近代哲学の創建者とみなされるのです。ここでも、依然として世界（自然）は形而上学的原理に照らして形成されるべきものなのですが、いまやその形成を左右するのは、その何であるかを規定しうる人間理性なのであり、まさしくその意味において――デカルトと同時代のベーコン（Francis Bacon, 1561―1626）が言ったように――「知は力」（scientia est potentia《スキエンティア・エスト・ポテンティア》）となったわけです。

## 近代哲学の構図

ところで、ここでの人間理性のように、それ自身の存在に自己確実性をそなえ、したがって他の何ものによってもその存在を基礎づけてもらう必要はなく、しかもみずからの存在のこの確実性によって他のすべての存在者の存在を基礎づけるところの一種特別な存在者——われわれが「形而上学的」ないし「超越論的」原理と呼んできたもの——を、アリストテレスは「基体《ヒポケイメノン》」(hypokeimenon)と呼んでいました。字義どおりには「下に《ヒポ》・横たわるもの《ケイメノン》」という意味のこの言葉は、ラテン語でも「下に《スブ》・投げ出されてあるもの《イエクトウム》」(subjectum)という同じつくりの言葉に写されました。かくて、いまや人間理性がいっさいの存在者の存在を基礎づける「基体《スブイエクトウム》」になったわけですが、その基礎づけがほかならぬ人間理性の認識の働きによってなされるところから、このsubjectumという言葉は、その後の近代哲学の展開のなかで、認識の「主観《スブイエクトウム》」という意味にその意味を転じます。つまり、人間理性は認識「主観」というかたちで「基体」の役割を果たすわけであり、この「超越論的」な理性「主観」の「客観」(認識の対象)となりうるものだけが存在者と認められ、世界の構成分たりうるというわけです。こうしてデカルトによって、超越論的な理性「主観」と、それによって存在を基礎づけられている(したがって当然それ自体のうちに合理的構造をそなえた）「客観」的世界という、近代哲学の基本的構図が素描されることになりました。これを、私たちの今までの言葉づかいで言いかえてみると、こういうことになります。理性主観は、自分が「それが何であるか」を、つまりその「本質存在」を明確に認識しうるものだけを「事実的に存在するもの」と認める、ということです。ここでもいわば「事実存在」が「本質存在」にすっかり還元されていることになります。よく考えてみると、これはおかしな考え方です。というのも、ここで言われているのはこういうことだからです。つまり、私は自分が明確に認識できるものだけを存在者と認める、したがって、存在するかぎりのすべてのものは、私の明確な認識の対象になりうる、私は存在するもののすべて、つまり世界を隈《くま》なく明確に認識しうる、――これは完全な循環論法です。しかしこうした理性のかなり身勝手な循環論法の上に近代哲学の基本的構図が描かれることになったわけです。

このデカルトの描いた構図に則して、その後の近代哲学は二つの方向をとって展開されることになります。一方は、客観的世界のもつ合理的構造をどこまでも明らかにしてゆこうとする方向で、この仕事はニュートン（Isaac Newton, 1643―1727）によって大成される近代の数学的自然科学が引き受けます。他方は、超越論的主観の主観性を問い究めようとする方向で、これが狭義の近代哲学の仕事になります。殊に、デカルトやその他十七世紀の哲学者たちのもとでは、この主観‐客観の関係（言いかえれば、主観の超越論的な基礎づけの働き）は、無限な神の理性によって保証されていたのですが、十八世紀の啓蒙主義の時代にはいると人間理性が神的理性の後見なしに独り立ちしようとすることになり、そうなると、神的理性の媒介があってはじめて成り立っていた主観‐客観の対応関係を、今度はその媒介なしに基礎づけねばならないという難題の前に立たされることになります。

# 第八章　カントと近代哲学の展開

われわれが前章でみてきた十七世紀の古典的理性の哲学は、近代の創建という革命的な新しさを秘めていながらも、あくまで「秩序」と「調和」を重んずるところにその特質があった、と言ってもよいかと思われます。たとえば、形而上学的原理の座に坐ることになった人間理性にしても、神的理性や、その媒介によって世界の理性的秩序（むろん機械論的自然法則はその主要な一環をなすものとみなされていました）との調和のなかでとらえられていましたし、したがって、宗教と哲学と科学も相互に調和しつつ、ある統一を保っていました。

## 啓蒙と理性主義的形而上学

ところが、十八世紀に入ると事情はがらりと変わります。十八世紀も、いや、十八世紀こそが普通に「理性の時代」と呼ばれていますが、このばあいの理性は十七世紀の古典的理性とは異なり、もはや神的理性の後見を脱した啓蒙的・批判的理性なのです。この時代を代表する哲学者のカント（Immanuel Kant, 1724—1804）がみずから、この「啓蒙」（Aufklärung《アウフクレールング》：enlightenment）という概念を次のように定義しています。「啓蒙とは、後見人の支配と指導から独立し、人間がその未成年状態を脱却することである」。こうして、神的理性の後見を脱して、自覚的に自立した人間理性は、これまでみずからを背後から支えてくれていた宗教や、さらには形而上学をさえも迷蒙《めいもう》と断じ、その蒙《もう》を啓《ひら》きそれを「批判」する理性となります。ディドロ（Denis Diderot, 1713—1784）に代表される無神論的・唯物論的なフランス啓蒙思想は、まさしくこの「批判する理性」の典型と言えましょう。しかし、その批判は、単に外なる権威に対してだけではなく、理性そのものにも向けられねばならなくなります。

というのも、前章の最後でもふれましたが、このように人間理性が神的理性の後見から脱することによって、重大な困難が生じてくるからです。つまり、これまでは神的理性によって支えられていたからこそ、人間理性はその生得観念の客観的妥当性を信じ、それを頼りに世界（自然）についての確実な認識を手に入れることもできたわけですし、また世界そのものにも合理的な構造が約束され、つまり人間理性と世界の合理性との調和が保証されもしたわけなのですが、神的理性によるそうした媒介がないとすれば、この想定された調和にはなんの根拠もありえないことになるからです。

そうした媒介もないというのに、われわれは理性に生得的な諸観念によって世界についての隈《くま》ない確実な認識を手に入れうるなどと主張するとすれば、それは、なぜだかわけはわからないけれど、世界はわれわれの理性によってうまく認識されるようにできているのだと主張するようなものであって、独断のそしりをまぬがれないでしょう。事実、いわゆる理性主義的な形而上学は、その末期になると次第に独断論の色を濃くしてゆきました〔もっとも、通常は理性主義的形而上学に数え入れられるバロック期の哲学者スピノザ (Baruch de Spinoza, 1632—1677) やライプニッツ (Gottfried Wilhelm Leibniz, 1646—1716) をこんなかたちで片づけるわけにはいきません。彼らには、私がいま描いているような近代哲学の枠組に収まりきれないものがあります。そのうち、ライプニッツについては、のちにふれるつもりです〕。

## イギリスの経験主義

そこで、こうしたゆき方に対する反省として、ロック (John Locke, 1632—1704) にはじまり、バークリ (George Berkeley, 1685—1753)、ヒューム (David Hume, 1711—1776) らによって承け継がれてゆくイギリスの啓蒙主義哲学は、それのみがわれわれに確実な認識を与えてくれるものと考えられてきた「生得観念」や、そうした観念にもとづく理性的認識の存在を否定し、われわれのもつ観念はすべて感覚的経験を通じて手に入れられる経験的なものであり、したがって、すべての認識は、普遍妥当性などもちえぬ蓋然《がいぜん》的な（自分が経験したかぎり、大体のところこうだったという）経験的認識だと見る経験主義の方向をとりました。ところが、むろんこれは独断的な理性主義的形而上学を否定することにはなりましたが、しかし同時にそれは、すでに確固として成立していた数学や数学的自然科学の確実性をも否認する結果になり、懐疑論という非難を受けることになります。経験的認識は、所詮、蓋然的なものでしかありえず、絶対的な確実性を主張することはできないからです。

### 理性的認識と経験的認識

少し話が面倒になりましたので、ここで少し用語の整理をしておきましょう。話を繰りかえすことになりますが、この時代、人間の認識について対立する二つの立場がありました。「理性主義」と今ふれた「経験主義」とです。理性主義は、われわれの理性に生得的な観念（観念というのが分かりにくければ、これを機能と考えてもよいと思います）があると考えます。つまり、見るとかさわるといった感覚的経験によって得られるはずはないのに、われわれが一様にもっていて、日頃使っている観念——

たとえば数の観念とか幾何学的図形の観念――があり、これは神によってすべての理性に同じように植えつけられた（神を引き合いに出すのに抵抗を感じるなら、なんらかの理由で人間の理性に本質的にそなわっている、と考えてください）観念で、〈生得観念〉とか〈理性的観念〉とか〈先天的《アプリオリ》観念〉とか呼ばれました。こうした観念を使って得られる認識――たとえば２＋３＝５とか、「三角形の内角の和は二直角である」といった認識――が〈理性的認識〉〈先天的認識〉ということになりますが、これは理性をもつ者ならすべての者がもっている観念にもとづく認識ですから、いつだれがどこで考えてもそうとしか考えられないという絶対的確実性をもつものとみなされました。この絶対的確実性ということには、普遍性と客観的妥当性とがふくまれています。普遍性とは、だれでもが真だと認めるということですが、客観的妥当性の方は少し厄介です。もし生得観念が本当に神によって人間理性に植えつけられたものだとすれば、それは世界創造の設計図になった神のもつ観念の写し（多少不完全な写し）のようなものですから、当然この観念は世界の仕組と対応していることになります。だからこそ、人間が世界についての感覚的経験などに頼らず、生得観念を操作し、理性の力だけで手に入れた理性的認識（たとえば２＋３＝５という数学的認識）は、世界の事物にきちんと対応する（たとえば二つの石と三つの石を合わせれば五つの石になる）、つまり客観的妥当性をもつのだ、と当時の人びとは考えたのです。

ところで、感覚的経験によって手に入れることはできないはずなのに、われわれがもっている観念と言えば、数学的観念のほかにも、たとえば「神」の観念とか、「世界（存在するものの全体という意味での）」の観念とか、「実体（さまざまな感覚的諸性質の背後にあって、それらをまとめ、支えている基体）」の観念とか、従来「形而上学的（超自然的）」と呼ばれてきた観念もあります。こうした観念も理性的観念であり、これらの観念を使って得られる認識も理性的認識だということになると、そうしたものにも数学的認識と同じような普遍性と客観的妥当性を認めなければならないことになります。そのように考えて、さまざまな形而上学的認識の体系を独断的につくり上げてきたのが理性主義的形而上学なのです。

これに対してイギリスの「経験主義」は、そうした「生得観念」「理性的観念」を認めることから生じる弊害に気づき、こうした観念をいっさい否定して、われわれのもつ観念はすべて「経験的観念」だと考えようとしました。経験的観念とは、見たり聞いたりさわったりする感覚的経験を通じて得られる観念であり、こうした観念を使って得られる認識が「経験的認識」です。しかし、こうした経験的観念は、その経験をした人しかもっていないことになりますし、また経験的認識も、同じ経験をした人によってしか真だと認められません。経験的認識は、２＋３＝５のように、いつだれがどこで考えてもそうとしか考えられないといった普遍性や絶対的確実性はもちえないのです。経験的認識は、せいぜいのところ、同じ経験をした人たちが、自分たちの経験したかぎりではそうだったと認めうる程度の蓋然的真理性しかもちえないことになります。イギリスの経験主義者は、有限な人間には絶対的真理など手に入れることはできないのであり、蓋然的・相対的真理でがまんするしかないと考えました。しかし、そうした彼らの考え方からすると、２＋３＝５のような数学的認識さえも、だいたいのところそうだという蓋然的真理でしかないことになりますが、カントはそこに疑念をもったのです。

こうして、神的理性の媒介を拒否しながらもなお、数学や数学的自然科学の確実性、つまりはわれわれの理性的認識と世界の数学的合理性の調和を保証しようとすれば、理性の超越論的機能の新たな基礎づけ、つまりは理性の自己批判が必要となります。そして、この仕事を引き受けたのがカントの『純粋理性批判』（一七八一年、第二版、一七八七年）だったのです。が、その問題に入る前に、カントの生涯を簡単に見ておきましょう。

## カントの生涯

簡単に見るもなにも、カントの生涯そのものがひどく単純なのです。カントは一七二四年、当時プロイセンの東の国境に近い港町ケーニヒスベルク（現ロシア領カリーニングラード）に生まれ、一八〇四年に八十一歳で歿するまでこの町を一歩も離れませんでした。ここの大学で哲学を学び、永年家庭教師や私講師をしたあと、一七七〇年、四十六歳になってやっと教授になり、八一年、五十七歳で主著『純粋理性批判』を、続いて八八年に『実践理性批判』を、九〇年に『判断力批判』を書いています。通常「三批判書」と呼ばれるこの三冊の本によって、その体系を完成させたわけです。生涯独身で、老僕を相手に、毎日を規則正しく静かに暮したといいます。詩人のハインリッヒ・ハイネが、フランス人にドイツ哲学を紹介しようと、『ドイツ古典哲学の本質』という実に面白い本を書いていますが、そのなかでハイネは、この表面静かな生活を送ったただの大学教授が世界を押しつぶすような破壊的な思想を形成したのであり、その証拠に、ロベスピエールはたかだか国王の首を切ったくらいだが、カント

カント

は神様の首を切り落したのだ、と言っております。

## コペルニクス的転回

ところで、先ほどの問題ですが、神的理性によっていかなる調和も予定されていないにもかかわらず、なぜわれわれの理性的認識――経験を通じて外的世界から得られた観念（経験的観念）によるのではなく、理性そのものに生得的な観念（先天的《アプリオリ》観念）による認識――が世界の存在構造にうまく適合しうるのか、というこの謎を、カントは十二年間かけて次のように考えることによって解決しました。――つまり、もしここで問題になっている世界が、もともとわれわれの理性とまったく独立に自存しているものだとしたら、右のような事態は絶対に起こりえない。したがって、もし右のような事態が起こりうるとすれば、つまり数学や数学的自然科学が確実な認識として成り立つなら、この世界（自然）はあくまでわれわれの理性に依存して存在する世界、もっとはっきりいえば、われわれの理性によってつくられた世界でなければならない。言いかえれば、われわれの「認識が」独立に自存している対象を模写するというかたちで、「対象に依存しているのではなく」、むしろ「対象がわれわれの認識に依存する」、つまりわれわれが認識することによってはじめて対象がそのような対象として現われてくるのでなければならない——と、大体こんなふうにです。彼は、みずからのこの思考の転回をコペルニクスの地動説の発見に比しています。

### 物自体と現象

といっても、カントは、神が世界を創造するように、われわれの理性が世界を創造するなどと考えたわけではありません。彼が考えたのはこういうことなのです。つまり、万物の創造者たる神ならば、あるがままの事物を見ることもできましょうが、有限な人間理性には、事物を神の見るように見ることなどできるわけはありません。人間の理性には幾重にも制限がつきまとっていて、いわばその制限のベールを透してしか物を見ることはできないのです。したがって、人間理性の見るものはけっして物のそれ自体においてある姿、つまり「物自体」(Ding an sich《ディング・アン・ジッヒ》)ではなく、その認識能力につきまとう制限を透してそこに現われ出てくるかぎりでの物、つまり物のわれわれにとっての現われ、つまり「現象」(Erscheinung《エアシャイヌング》)でしかありません。そこで、このようにわれわれに現われるかぎりでの世界、つまり「現象界」——われわれの認識の対象となりうるのはこれだけなのですが——だけを考えてみれば、これは物自体に由来する材料（カントは、物自体がわれわれの感覚器官を刺激して、そこに生ぜしめる感覚をこの材料だと考えていました）と、その材料を受け容れ整理するためのわれわれの理性にそなわっている形式（これが先にいった制限に当たるわけです）とから成っていることになります。してみれば、物自体の世界は別にして、話を現象界に限るなら、人間理性がその形式的構造をつくり上げているのだと言えないことはありません。そして、この現象界とは、実は自然界にほかならないのですから、そうなると人間理性は自然界の形式的構造の創造者――カントの言い方に従えば「自然界の立法者」――だということになり、このみずからつくり出す形式的構造に関してなら、一々経験してみなくても先天的《アプリオリ》に――したがって確実に――認識しうる、ということになります。こうして、人間理性はカントのもとでも、世界（このばあい現象界）を存在せしめ、それに合理的構造を与える「超越論的」(transzendental《トランスツエンデンタール》)――これはカントが使いはじめた用語です――主観なのであり、しかも今度は、神的理性の後見なしにそれでありうることになりました。

### 直観の形式と思考のカテゴリー

ところでカントは、われわれの理性が発動する形式を二種類に分けて考えています。つまり、物自体によって与えられる材料を受け容れる形式と、そうやって受け容れた材料を整理する形式とです。前の受容の形式を、彼は「直観の形式」と呼び、空間と時間をそれだと考えています。つまり、空間や時間は、われわれの認識とは無関係に物自体がそこに置かれている場面といったものではなく、それは、与えられた材料（感覚）を受け容れるためにわれわれがこちら側から発動させる主観的形式にすぎないのです。したがって、われわれに感覚的に現われるかぎりでの物（現象）はすべて空間と時間のうちにあり、そして、そうした現象の空間的規定や時間的規定に関してなら、われわれは一々経験してみなくてもそれを先天的に知ることができるわけです。普遍妥当的な認識の典型とみなされている幾何学と数論（算術）は、実はこの空間形式と時間形式とに関する先天的《アプリオリ》な認識の体系にほかならないのです。

一方、そのように受容された材料を整理するための形式としてカントが考えているのは、われわれの論理的な思考形式です。彼は、伝統的な形式論理学の判断形式を分析して、そこから十二の基本的な思考形式――カントはこれを、「純粋悟性概念」ないし「思考のカテゴリー」と呼びます――を導出しました。これらのカテゴリーは、量・質・関係・様相の四つに分類され、そのそれぞれが三項からなっているのですが、たとえば関係のカテゴリーには「因果関係」がふくまれています。つまり、カントの考えでは、原因と結果という関係は、物自体相互のあいだに存する関係ではな

| | | | |
|---|---|---|---|
| 量 | 単一性 | 数多性 | 全体性 |
| 質 | 事象内容性 | 否定性 | 制限性 |
| 関係 | 実体と属性 | 原因と結果 | 相互作用 |
| 様相 | 可能性 | 現実性 | 必然性 |

カテゴリー表
(幾分簡略化してあります。)

く、これもまたわれわれが受容した材料を整理するために使う形式の一つなのです。したがって、われわれが空間・時間という直観形式を通して受け容れる感覚与件は、必ず原因・結果という網の目のなかでとらえられているわけで、だからこそわれわれは、「自然界（現象界）におけるすべての出来事には必ずなんらかの原因がある」ということを絶対の確実性をもって主張することができるのです。数学と同様に普遍妥当性をもった認識と認められている理論物理学は、直観の形式と悟性のカテゴリーとの組み合わせによって生ずる現象界の形式的構造についての先天的認識の体系にほかなりません。こうしてカントは、一方において数学および数学的自然科学（ニュートン物理学）の確実性を基礎づけるとともに、もう一方では、独断論に陥ってしまった古い形而上学を否認することになります。というのも、この独断的形而上学は、もともと現象界だけにしか客観的妥当性をもっては適用されえない空間的・時間的規定やカテゴリーを、神だとか世界、不滅な霊魂といった元来現象としては現われえないものに適用して、勝手な理論構成を試みているにすぎないからです。彼は、こうしたものはわれわれの認識の対象にはなりえないのであるから、それについて議論してもはじまらないと言うのです。ハイネが、カントは神の首を切り落したというのは、このことにほかなりません。

### 『純粋理性批判』という書名の意味

こうして、彼の主著の表題の『純粋理性批判』というのも、おおよそ次のような意味でした。——つまり、われわれの理性の純粋な（経験的ではなく、先天的な）認識には、はっきり一定の限界があって、数学や理論物理学のように、それが普遍妥当性をもった確実な認識として成り立つばあいと、経験によらない同じ先天的認識であっても、古い形而上学のようになんの普遍性ももちえぬばあいがある。古い独断的形而上学者のようにそれを区別せず、すべての先天的認識は普遍妥当性をもつと主張するのも間違いなら、イギリスの経験主義者のように、これまた両者を区別せず、すべての先天的認識を否定するのも間違いである。そこで、理性そのものの自己批判によって、先天的認識が有効に成り立つ範囲と、もはや成り立たなくなる範囲とを限定しよう――と、これがこの表題の意味だったのです。

**カント哲学**

もっとも、カント哲学はけっしてこの『純粋理性批判』だけに尽きるものではありません。カントの考えでは、われわれはたしかに認識主観としてはその活動の場面を現象界に限られていますが、道徳的実践の主体としてはけっして現象界の因果律にしばられるものではなく（もしそうだとすると、そこではすべてのものに必ずなんらかの原因があるので、自由な意志にもとづく実践などということはありえないことになります）、物自体（人格）として、やはり物自体（人格）としての他者に、みずからの自由意志によってかかわるのです。彼の第二の主著『実践理性批判』（一七八八年）は、このような観点に立って実践哲学を展開したものです。神の問題にしてみても、たしかに彼は『純粋理性批判』においては神の存在を否定しているかに見えますが、それはむしろ、神を理論的認識の対象として扱うことの不都合さを主張しただけなのであって、彼の言葉を借りれば、「私は信仰に席をあけるために、知を否定しなければならなかった」のです。つまり、信仰を純粋に信仰として生かすために、知識と信仰とを峻別し、知識のおよぶ領域を限定する必要があった、というわけなのでしょう。彼は、理論的認識としては否定した形而上学をも「実践の形而上学」として、つまり道徳的実践の条件として生かそうと試みています。

カントは、さらに第三の主著『判断力批判』（一七九〇年）においては、デカルト以来の機械論的自然観からはこぼれ落ちてしまった有機的自然の問題をも、数学的自然科学の確実性や、実践的自由と矛盾しないようなかたちで解決しようと試みております。

カント哲学そのものは、このようにまことに壮大な体系であり、汲めども尽きない深い含蓄を秘めたものなのですが、しかし、カント哲学をデカルトからヘーゲルにいたる近代哲学の展開の流れのなかでとらえようとするばあいには、問題になるのはやはりなんといっても『純粋理性批判』だと思われます。ですから、むろん私の今のこの考察からカント哲学の全容を知りえたなどと思うのは論外なのですが、さしあたりここでの話の展開のなかでは、以上のように『純粋理性批判』に焦点をしぼってカント哲学を考えておいてよいかと思います。

# 第九章　ヘーゲルと近代哲学の完成

## ドイツ観念論

カント以後、フィヒテ（Johann Gottlieb Fichte, 1762—1814）、シェリング（Friedrich Wilhelm Schelling, 1775—1854）、ヘーゲル（Georg Wilhelm Friedrich Hegel, 1770—1831）によって展開されるドイツ哲学の黄金時代が到来しますが、この時期の哲学を普通「ドイツ観念論」（Deutscher Idealismus《ドイッチャー・イデアリスムス》）と呼んでいます。このドイツ観念論の課題は、カント哲学において超越論的主観としての完全な自覚に達した人間理性、そしてその自己批判によっておのれの有限性をも十分に自覚していた人間理性を、いわば無制約的な「絶対精神」にまで高めるところにあった、と見てよいかと思います。殊に、カントにおいては現象と物自体、理論理性と実践理性とが二元的に対置されている観がないでもなかったのですが、しかし、考えてみれば、カントにしても、彼の主張からすれば認識不可能であるはずの物自体を、その哲学的思索においてはやはりなんらかの仕方で知っていたにちがいありませんし、また、理論理性と実践理性とを区別しながらも、まさしくそのように区別することによって両者の根源的同一性を自覚していたにちがいありません。彼の表向きの主張のなかでは主題化されていないこの哲学的思索、哲学的自覚の立場を採り上げなおすことによって、その二元論を一元化し、同時に人間理性をその有限性から脱却せしめようというのが、フィヒテ以後のドイツ観念論のねらいでした。もっとも、きわめて難解な思弁で織り上げられたドイツ観念論の展開をたどりなおすことはむずかしいので、ここでは、ヘーゲルに焦点を合わせながら、多少不正確になるのをおそれず、思いきり話を簡略化して考えてみようと思います。が、その前にヘーゲルの生涯をその周辺とともに見ておくことにしましょう。

## ヘーゲルの生涯

ヘーゲルは一七七〇年にシュトゥットガルトに生まれ、一七八八年秋にチュービンゲン大学に入学し哲学と神学を学びますが、ここで詩人のヘルダーリン（Friedrich Hölderlin, 1770—1843）や、二年後に入学してくるシェリングと親交を結び、神学寮の同じ部屋で暮します。折しも八九年にフランス革命が起こり、次々に入ってくるその情報に彼らは熱狂しますが、これはドイツの進歩的知識人一般の反応でした。九〇

ヘーゲル

年の革命一周年記念日には、彼らは「自由の樹」を植えて、一晩中そのまわりを踊りまわったといいます。もっとも、九四年のいわゆる「テルミドールの反動」でジャコバン党が失墜し、ブルジョワジーが革命の主導権をにぎると彼らの熱狂も醒《さ》め、三人少しずつ反応に違いはありますが、この革命に幻滅しはじめました。卒業後の三人の歩む道も違ってきます。ヘーゲルは九三年に卒業したあと一八〇〇年までベルンとフランクフルトで貴族の家庭教師をしながら勉強を続けます。ヘルダーリンも同じ年に卒業し、諸方を放浪したあと、フランクフルトの銀行家ゴンタルト家の家庭教師となりますが、ズゼッテ夫人に悲恋ともいうべき恋をし、その内面の葛藤を通して大詩人に成長してゆきます。しかし、一八〇〇年には分裂病を発病し、以後狂気の闇に包まれて生きることになりました。一方もともと彼らより五歳も年少であり、二年遅れて卒業したシェリングは、ゲーテによってその早熟の才能を評価され、九八年にはイェナ大学の助教授に就任し、当時イェナに集っていたドイツ・ロマン派の文学者たちと交流しながら華麗な文筆活動を展開します。

一八〇〇年にヘーゲルは、シェリングの推輓《すいばん》でようやくイェナ大学に私講師の職を得、彼と共同で雑誌を発行したりしながら、文筆活動をはじめます。しかし、シェリングにはかなり気を遣っていたのでしょう、一八〇三年に、シェリングがヴィルヘルム・シュレーゲルの夫人だったカロリーネと結婚してイェナを離れると、ヘーゲルもやっと伸びのびと活動しはじめ、一八〇七年には主著の一つ『精神現象学』を発表します。ドイツ解放を旗印に、革命軍を率いたナポレオンがイェナに入城してきたとき、ヘーゲルはちょうどこの本の最後の章を書き終え、筆を擱《お》いたばかりだったと伝えられています。おそらくそのあとで書いたにちがいないこの本の「序文」で、ヘーゲルはシェリング哲学に辛辣《しんらつ》な批判をくわえ、そのためシェリングとも絶交することになります。二人の関係が回復されることはついにありませんでした。

フランス軍の侵入で大学が閉鎖され、イェナを離れたヘーゲルは、バンベルクで新聞の編集にたずさわったあと、ニュルンベルクで高等中学校《ギムナジウム》の校長をしながら第二の主著『論理学』を書き上げ、哲学界にしっかりと地歩を固めます。そして、一八一六年にハイデルベルク大学、一八年にはベルリン大学の哲学科正教授に招かれ、いわばドイツ哲学界の頂点に立って以後十三年間自分の学派を形成し、学界に君臨します。三〇年にはベルリン大学の総長にも就任しますが、三一年十一月コレラであっけなく他界してしまいました。一方、ヘルダーリンは狂気のなかでではありますが四三年まで生き、シェリングは五四年まで生きつづけます。シェリングは、ヘーゲルと絶交したあと、シュトゥットガルトやミュンヘンの大学で講義をしたり、ミュンヘンの芸術アカデミーの事務局長を務めたりしています。著書もまったく公刊せず、まるでヘーゲルの盛名の蔭に隠れたかのように思われました。ところが彼はこの間その講義のなかでいわゆる「後期思想」を形成し、晩年にもう一度返り咲く機会に恵まれます。が、それは次章で見ることにしましょう。

## ヘーゲルによるカント哲学の展開

話をもどして、ヘーゲルがカントの哲学をどのような方向に展開していったかを見てみたいと思います。カントによってとらえられた人間理性は、たしかに自然（現象）界の立法者ではありましたが、けっしてその創造者ではなく、そこに人間理性の有限性が認められました。人間理性の支配が及ぶのはあくまで現象界の、それもその形式的側面に限られ、そのための材料は物自体に仰がねばならないのです。カント哲学においては、物自体の存在が人間理性の有限性をしるしづけていると言われるのも、この理由からです。しかし、もし主観の側から発動される形式、たとえば悟性のされるカテゴリーがもっと多かったとしたらどうでしょうか。それだけ物自体によって提供される材料は少なくてすむことになります。そして、もしその形式を無限に増大せしめうるとすれば、人間理性を限定する物自体の存在を認める必要がなくなります。事実、カントが現象界を構成する思考のカテゴリーを形式論理学の判断表から導出し、その数を十二に限ったことは、当時からかなり不評でした。たしかに、この思考のカテゴリーは、こんなふうに固定的にではなく、もっと弾力的に考えられてもよさそうです。つまり、精神が成長するに応じて、つぎつぎに新しいカテゴリーを発動させてゆく、とでもいったふうにです。あるいは、カテゴリーそのものが経験の進行につれ一種の自己増殖を起こしてゆく、と考えてもよいかも知れません。そうすれば、最初は人間精神に対立する異他的なものと思われたものも、つぎつぎに精神の形式のうちに取りこまれ、ついには物自体のように異他的な力として精神の前に立ちふさがるものは何もなくなり、人間精神が一種の絶対的創造者となりうるように思われます。

こうしたことは、たしかに、個々の認識主観と自然界との関係においては考えにくいことにちがいありません。認識主観が自然界を、その材料的側面までふくめて創造するなどということは、途方もない話だからです。しかし、ドイツ観念論の展開のなかで、カントにあった認識と実践、理論理性と実践理性との二元性が克服され、どちらかといえば自由な実践理性の方へと一元化されてゆき、したがってカテゴリーといっても、単なる認識のための思考形式だけではなく、認識をもふくめた主観の活動一般（倫理的・宗教的・芸術的・政治的・社会的活動など）のカテゴリーとして考えられるようになります。そして、世界の方ももはや単なる自然的世界としてではなく、歴史的世界としてとらえられることになります。それは、フランス革命のイデオロギーとなった啓蒙思想が、いわば無時間的、無歴史的な理性――つまり、古代のギリシア人にあっても十八世紀のフランス人にあっても変わることのない理性――を原理にし、フランス軍はその理性を旗印に――つまり、その理性をドイツ人にも押しつけようと――ドイツに侵入してきたのですが、それに抵抗するドイツ人は、ドイツ民族には中世以来の歴史のうちで培われた独自の民族的個性があると主張し、それぞれの民族の歴史的生成過程の重要性を強調しました。こうした思想がドイツ・ロマン派の芸術運動に結晶します。この立場では、世界は歴史的世界としてとらえられることになるのですが、ロマン主義の運動のなかで思想を形成してきたヘーゲルには、こうした歴史的世界観がすなおに受けとられたのです。一方、主観の方も個体的な意識としてではなく、歴史を形成する民族精神、いや、さらには世界史を形成する人類の精神としてとらえられるようになります。こうして、主観としての人間精神が歴史的世界を全面的に創造するということも、それほど考えにくいことではなくなるのです。それにしても、その創造はどういう経緯をたどるのでしょうか。

### 生成する精神

ヘーゲルによれば、一般に精神の精神たるゆえんは、おのれ自身を知っているということ、つまり自己意識ないし自覚にあります。といって、精神がはじめから自己自身を完全に知りつくしているということではありません。生まれたばかりの精神も、たしかに物とは異なり自己意識であるにはちがいないのですが、それはあくまで可能的な自己意識であり、眠れる精神でしかありません。この眠れる精神が目覚め、可能的な自己意識を現実化してゆくところにこそ精神の本質があるのであり、精神の存在とは、精神が精神になるその生成の運動にほかならないのです。ところで、ヘーゲルによれば、精神のこの自覚は、いわば自分自身のうちに閉じこもり、自己を反省するという仕方で果たされるものではありません。精神が真に自己を知ろうと思うならば、精神はむしろ自己自身を脱け出て、外的世界に働きかけ、そこに映し出されてくる自己を見る以外に道はないのです。驚くべきことに、ヘーゲルはすでにここで「労働」(Arbeit《アルバイト》)という概念をもち出してくるのですが、真の自覚はカントにおいてのような反省という実りない自己反芻《はんすう》によってではなく、労働を通じて達せられる、というのが彼の考えなのです。おそらくヘーゲルは、カント以来の「実践」という概念が行為の主体的側面はよく示してくれるものの、その行為によって働きかけられる客体の側や、その行為を通じて生ずる主体と客体の関係を照らし出すには不十分だと考えて、当時勉強していたイギリスの古典経済学――殊にアダム・スミス――からこの「労働」という概念を借りてきて使ったものと思われます。もっとも、スミスのばあい、この概念はあくまで資本制的経済機構のもとでの労働者の労働を意味する経済学的概念だったのですが、経済的に立ち遅れていた当時のドイツにはこの概念でとらえられるべき労働が現実にはほとんどなかったためもあって、ヘーゲルはこれを単なる社会哲学的カテゴリーとして受け容れ、実践という概念とほとんど同じほどの広い意味で使っています。

それにしても、労働を通じてみずからを自覚するというのはどういうことでしょうか。それは、簡単にはこんなふうに考えてよいかと思います。つまり、一般に「労働する」ということは、労働の主体がおのれに異他的なものとして対立する物に働きかけて、それをおのれの望む形に変えることです。労働の主体は労働を通じて、いわば対象のうちに自己を移し入れ、自己を外化するのだと言ってもよいかと思います。しかし、そうした対象の変形は、けっして主体の勝手気ままにできるものではありません。それをなすには、労働の主体が対象の本性をよく認識し、忍耐強くみずからを対象に従わせねばなりません。たとえば足を踏み入れるのも恐しい異他的なものとして人間の前に立ちふさがっている前人未踏のジャングルに労働によって働きかけ、それを美しい麦畑に変えようとするばあいを考えてみましょう。そのためには切り倒そうと思う木の堅さや性質を知り、それに応じて道具を使い、季節と播種の関係、収穫の時期などをよく心得ていなければならないでしょうし、疲れて休みたいときも強い意志の力で働きつづけなければなりません。したがって、労働によって対象がその姿を変えるあいだ、その労働の主体の方もけっして無事でいるわけではないのです。主体の方も、少なくともその対象の本性についての認識を得たり、自己の直接的欲望を抑えて対象を規定している法則にみずからを従わせる訓練をすることによって、たくましい肉体をもちいわば高い教養をそなえ、強い意志でおのれを制御することのできるいっそう人間らしい人間に成長してゆくことになるわけです。こうして、その労働が完了し、労働の主体が対象のうちに自己を外化し、そこにいわばおのれの分身を認めうるようになったとき、その主体は自分のもっていた可能性の、少なくともその一部を現実化し、じっとしていては知ることのできなかった自己を自覚するにいたるのです。ですから、ヘーゲルのいう自覚とは、労働を通じての自己実現のことだと言ってもよいかも知れません。そして、そのように自己を実現したとき、この労働の主体は対象のうちに自己の分身を見、対象のうちにあっていわばアット・ホームでありうる——ヘーゲルの言い方を借りれば「他者において自己自身のもとにある」——ことになり、より大きな自由を享受しうることになります。

**弁証法**

ヘーゲルが、精神の本質は自覚にあり、その自覚は労働（自己外化）を通じて達成される、というときに考えているのは、右のような事態なのですが、それは同時に自由の実現でもあるわけです。もっとも、そうした労働はけっして一回かぎりですむものではなく、労働を通じて対象を自己の分身に変じ、そこでアット・ホームに感じたとしても、それは束の間で、その間に労働の主体たる精神もすでに大きな成長を遂げているわけですから、実現された成果のうちに自己自身の十全な似姿を見ることはできないのです。それはふたたび精神に異他的な対象として対立してくるわけでしょうから、精神は再度より高次の労働によって、対象に働きかけてゆかねばなりません。このように対象との直接的統一の関係（正）が破れてそこに矛盾対立（反）が生じ、それが労働を通じてふたたび統一される（合）といったふうにして精神がその自覚を深め、より大きな自由を獲得し、いわば真の精神へと生成してゆくその運動の論理が、ヘーゲルのいわゆる「弁証法」（Dialektik《ディアレクティーク》）にほかなりません。そして、ヘーゲルによれば、世界史とは、人間精神がこのように絶えず高められてゆく労働（自己外化）を通じて、外的世界に働きかけ、一歩一歩自覚を深め自由を獲得してきた過程なのですから、弁証法とはまさしく歴史の論理だということになるわけです。

### 絶対精神

こうして、精神の弁証法的な生成によって、もはや外界に異他的な力として精神に対立するものがまったくなくなり、精神がすべてのもののうちに自己自身を見、すべてのものにおいて自己自身のもとにありうるようになるとき、精神は絶対の自由を獲得し、いわば「絶対精神」となり、歴史が完結することになるわけです。ヘーゲルは、彼自身がまさしくそうした歴史の最終段階に立ち合い、彼自身の哲学こそが、精神の繰りかえし拡大再生産されてきた「自己外化」（Selbstveräußerung《ゼルプストフエアオイセルング》）の最終的な「内化」（Erinnerung《エアインネルング》＝想起）の場だと考えていました。こう聞くと、いかにも途方もない思いあがりに聞こえましょうが、ヘーゲルがそう思うにはそれなりの理由があったのです。それは、こういうことです――前にも述べたように、一七八九年にフランス革命が起こったとき、チュービンゲン大学の学生だったヘーゲルは、学友のシェリングやヘルダーリンとともに一喜一憂しながらその成りゆきを見守りました。これは、彼らにかぎらず当時のドイツの進歩的知識人に共通な態度でした。この人たちは「自由・平等・博愛」というフランス革命の理念に感激し、ここに長い圧制の歴史が終わって、自由と平等を謳歌した（と彼らが思った）かつての古代ギリシアの理想郷が再現される、と信じたのです。もっとも、革命の進行とともにやがて恐怖政治が布かれ、そして結局は九四年のいわゆる「テルミドールの反動」でブルジョワジーが革命の主導権をにぎるようになると、彼らのフランス革命に対する評価も大きく変ってきます。ヘーゲルのばあいも例外ではなかったのですが、しかし彼はもともとジャコバン党の恐怖政治には反感をもっていたので、テルミドールの反動にも、たとえば学友のシェリングやヘルダーリンほど深い失望を味わわず、ナポレオンの出現に通じるフランス革命の展開に比較的すなおについてゆけたようです。先ほどふれたように、一八〇六年にイェナがフランス軍に占領され、皇帝となったナポレオンが入城してきたときでさえ、当時その地にいたヘーゲルは、友人に宛てたある手紙のなかで「皇帝――この世界精神――が馬上ゆたかに、市街を通り陣地の視察に出かけてゆくのを僕は見た。この一地点に集中しながら、馬にまたがって世界を圧倒し征服するこのような個人を見るのは、実になんとも言えない感じだ」と書いているくらいです。つまり、ヘーゲルにとっては、人間精神が社会を理性の命ずるところにのみ従ってみずから形成しようとする決意の現われであるフランス革命は、まさしく歴史――人間精神が真の精神に生成しようとする苦難の前史――の終幕を意味し、たまたまそこに立ち合った自分の哲学こそは、絶対精神の顕現の場だと考えたわけなのです。彼がフランス革命の思想的代弁者だと言われるのも、理由がないわけではありません。そして、彼は、人間精神が絶対者にまで生成するこの苦難の前史を、いみじくもナポレオンのイェナ入城の前夜に完成した『精神現象学』（一八〇七年）において――必ずしも歴史的にではなく、むしろ象徴的な構成でではありますが――みごとに描いています。この『精神現象学』には、当初「意識の経験の学」という標題が予定されていましたが、それはまさしく人間の意識が弁証法的経験を重ねて絶対精神へと成り出てゆくいわば魂の遍歴の物語です。しばしばゲーテの人格形成小説《ビルドゥングスロマン》『ヴィルヘルム・マイスター』と比較されるヘーゲルのこの処女作は、哲学史上にもあまり類を見ない一つの哲学的青春のみごとな結晶だと言えましょう。

## 形而上学的思考様式の完成

それはともかく、人間理性は、カント哲学によって、自然の客観的認識と技術的支配の可能性を約束されましたが、今度はヘーゲル哲学によって、社会の合理的形成の可能性を約束され、こうして自然的および社会的世界に対する超越論的主観としての位置を完全に保証されたことになります。ヘーゲルは晩年の『法哲学講義』の序文のなかで、「理性的なものは現実的であり、現実的なものは理性的である」というテーゼを掲げていますが、これは、言ってみれば、理性の認めるものだけが現実に存在する権利をもち、したがって現実に存在するすべてのものは合理的であり、理性によって限なく認識されえ、合理的に改造されうる、という意味であり、まさしく近代ヨーロッパ文化の形成を導いてきた理性主義、ひいてはプラトン以来の形而上学的思考様式の最終的完成をしるしづける凱歌《がいか》だと見ることができそうです。

前にも述べたように、近代理性主義が形而上学的思考様式の近代的更新——つまり、今度は人間理性を形而上学的原理の座に据えてこの思考様式を再編成するもの——だとすれば、ヘーゲルによる近代哲学の完成は同時に形而上学的思考様式の完成を意味することにもなりましょう。ハイデガーは、こうしてヘーゲルのもとで形而上学は理論《テオリー》として完成され、以後は技術として猛威をふるうことになる、と言っております。これも、次のような事態を考えれば理解しうることでしょう。ちょうどヘーゲルが歿した一八三〇年代になると、産業革命の波がヨーロッパ一円を覆い、次第に工業化、都市化が推し進められ、いわゆる技術文明が成立してきます。こうした技術文明が近代自然科学を基盤に成立したものであることは言うまでもありません。しかし、そうした近代の科学的思考も機械論的自然観の上に立ってはじめて成立しえたものです。そして、この機械論的自然観は、形而上学的思考様式のもとではじめて可能になった物質的自然観のヴァリエーションにすぎません。こう考えれば、「形而上学が技術として猛威をふるう」という一見奇妙な言い方も十分理解できそうです。自分が歴史の大きな転換点に立っているというヘーゲルの自覚は、それ自体けっして誤りではなかったのです。

# 第十章　形而上学克服の試み

## ヘーゲル批判

しかし、晩年のヘーゲルが「理性的なものは現実的であり、現実的なものは理性的である」と言って理性の全能を謳歌していたちょうどその頃、その背後ではすでに、このように理性を原理にして形成され、いまや巨大な技術文明に転じようとしていた近代ヨーロッパ文化への深刻な反省がはじまっていました。ヘーゲルの歿後、それは当面ヘーゲル哲学批判というかたちをとって表に出てきます。一つには、フランス革命のその後の成りゆきを見ても、期待されたような「自由」と「平等」にもとづく階級なき人類の理想社会が実現されるどころか、この革命は実は、以前にも増して極端な社会的不平等を生み出し、人間を非人間化しつつあった資本主義的経済体制の担い手であるブルジョワジーが政治的主導権を奪取する機会にすぎなかったということが明らかになり、それとともに、歴史の合理的進行を無造作に信じるヘーゲル流の楽観主義に疑いがもたれるようになったのです。それどころか、ウィーン会議ののちメッテルニッヒ体制のもとで旧制度《アンシアン・レジーム》が復活されました。ドイツの近代化をもとめ、ドイツ統一や立憲制や、さらには共和制を目指したマルクスやエンゲルスより少し上の世代の青年たち――は繰りかえし反体制運動を起こし、そのつど現実の制度の壁の厚さに撥ねかえされて深い挫折感を味わい、現実がけっして理性的でなどないことを実感しつつありました。こうして、一八三〇年代以降、ヘーゲル的理性主義への批判がさまざまな角度から展開されることになります。そのなかには、単にヘーゲル哲学への批判に終わらず、それが同時に近代理性主義の総体に対する批判になり、さらにはプラトン以来の形而上学的思考様式そのものへの批判にもなるような本質的なものがいくつかありました。私には、シェリング、マルクス（Karl Marx, 1818―1883）、ニーチェ（Friedrich Nietzsche, 1844―1900）の思想がそれであるように思われますし、結局は彼らの思想動機が二十世紀の哲学――ないし「反哲学」――に承け継がれてゆくことになるので、ここでそれを検討してみようと思います。

## 第一節　後期シェリングと実存哲学

ヘーゲルの『精神現象学』（一八〇七年）の序文で手ひどく批判されたシェリング

は、二年後必ずしもそれへの応答とも思えない小さな論文『人間的自由の本質』（一八〇九年）を発表したきり沈黙をまもり、以後ほとんど著書を公刊していません。いわばヘーゲルの盛名の蔭に隠れて姿を消してしまったかのように思われたのですが、実際には講義のなかでいわゆる「後期哲学」を展開しており、それがヘーゲル歿後の一八三〇年代に若い世代の共感を喚《よ》び、いわばもう一度返り咲くことになるのです。

シェリング

**近代哲学批判**

すでに『人間的自由の本質』において準備されていたシェリングの後期哲学もヘーゲル批判から出発しますが、しかしその批判は、単にヘーゲル哲学にだけではなく、それによって完成される近代哲学の総体へ向けられているのです。シェリングの考えによれば、近代の理性主義的哲学は、理性によって認識したり処理したりできる事物の「本質存在《エッセンティア》」だけを問題にし、事物の「事実存在《エクシステンティア》」には眼をそむけます。この世界には、人間の理性によってはなぜそんなものが存在するのか説明することも理解することもできないような悪や悲惨な事実が存在します。そうしたものをふくむ事物の「事実存在」は人間理性の手に負えないので、近代哲学はそれを無視してきたのです。たとえば、デカルトがしたように、理性がその本質存在を認識しうるものだけを真に存在するもの、つまり事実的に存在するものと認めることによって、いわば「事実存在」を「本質存在」に還元してしまい、そこに還元できないような非合理な事実存在は無視しようとしたり、ヘーゲルのように「現実的なもの」＝「理性的なもの」とみなして、非合理な現実は無視しようとしたりしてきたのです。シェリングはそうした近代哲学の総体を「消極《ネガティヴェ》哲学」と呼び、それに対して非合理な事実存在をあえて問おうとする自分の後期哲学を「積極《ポジティヴェ》哲学」と呼んでいます。もっとも、この「積極的《ポジティヴ》」という形容詞には二重の意味がこめられており、一種の言葉遊び《ヴォルトシュピール》になっているのです。シェリングの後期哲学の内容に関わるところもあるので、少し廻り道になりますが、その言葉遊びを見ておくことにしましょう。

### positive の意味論

ドイツ語も英語もほとんど同じ形なので、いまは英語で話を進めますが、positive という形容詞はラテン語の pono《ポーノー》（英語にも posit という形で承け継がれていますし、本来の英語ならsetに当り+ます)という動詞の過去分詞positumから派生したものです。このpositumはそのまま名詞としても使われますが、そのばあいは「置かれたもの」「設定されたもの」「定められたもの」「主張されたこと」といった意味になります。ところで、英語のpositiveという形容詞には、二系列の意味があります。一つは、日本語でなら(1)肯定的（否定的）、積極的（消極的）、陽性の（陰性の）、正《プラス》の（負《マイナス》の）といった言葉に訳される意味で、（　）内の意味と対《つい》になっています。もう一つは、日本語でなら(2)事実的、実証的、実定的といった言葉に訳される意味です。こちらの意味は、たとえばpositivism（実証主義）とかpositive law（実定法）といった言葉に現われてくる意味ですが、この意味でのpositiveには直接対《つい》になる言葉はありません。明らかに(1)とは系列の違う意味なのです。

(1)の方の意味の由来は簡単です。これはpono《ポーノー》（肯定する）-nego《ネゴー》（否定する）――→positum- negatum――→positive-negative――ラテン語と英語が混在していますし、人称変化も無視して話を進めますが――という順序で派生した形容詞であり、このばあい肯定したり否定したりするのはむろん人間です。ところが、(2)の意味の由来はもう少し複雑です。このばあいは、pono《ポーノー》する（定める）のは神であり、神によって創造され定められた「事実」がpositumなのです。前にもふれたように、この世界には信じがたいような悪や悲惨な出来事が起こります。キリスト教では、この世界は神によって創造されたとされているのに、その世界にそんな悪がはびこったり悲惨な出来事が起こったりするのはおかしな話です。これをどう理解したらよいのか、これがキリスト教にとっては大きな躓《つまず》きの石となってきました。ドストエフスキーも『カラマーゾフの兄弟』のなかでイワンにこの問題を論じさせています。ライプニッツもこの事態を問題にし、それでもなお神は義《ただ》しいことを論証するために、「神義論」とか「弁神論」と訳される“Essai de Theodicee”《エッセー・ドゥ・テオディツエー》（一七一〇年）という本を書いているくらいです。結局この問題はこんなふうに考えられます。つまり、どれほど人間の理性には理解しがたく納得しがたいことであろうと、そうした悪や悲惨もやはり神がpono した（定めた）ことなのですから、神にはそれなりの意図があったにちがいありません。人間としてはそれを神の思召しとして受け容れるしかないのです。というより、人間のちっぽけな理性で神の偉大な世界創造の意図を推し測ろうとするのは不遜の極みであり、それをひたすら神によって定められた positum（事実）として受け容れるべきだということになります。こういった議論の道筋で positum という言葉が使われはじめ、人間の理性によっては受け容れがたいが現実として認めるしかない非合理な事実を意味するようになりました。やがて、そうした宗教的背景は忘れられ、positum＝事実、positive＝事実的という意味だけが残りました。青年時代のヘーゲルが未完の草稿『キリスト教の精神とその運命』で、宗教上の非合理な掟や既成の非合理な社会制度などの特性を示すために使ったPositivität《ポジティヴテート》（近頃は「既成性」と訳されることが多いようです）という言葉にはまだ幾分宗教的ニュアンスが残っていますが、positivism（実証主義）という言葉などでは、まったくそうしたニュアンスは失われ、positive（実証的）というのは、事実を重んじるとか事実にもとづいて論証するとかいった程度の意味にすぎなくなります。

## 実存哲学

話が長くなりましたが、シェリングが自分の後期哲学をpositive Philosophieと呼んだのは、もともとはそれが理性によってはうまく理解できない事物の「事実存在《エクシステンティア》」＝「事実《ポジトウム》」を問題にする哲学だという意味でだったのですが、彼はそこにもう一つの「積極的」という意味を重ね合わせ、それに対して近代哲学はすべて「消極哲学」にすぎないと言葉遊びをやってみせたのです。彼自身この後期哲学を「実存哲学」（Existenzialphilosophie《エクシステンツィアルフィロゾフィ》）と呼んでいたということを、『ヘーゲル伝』（一八四四年）を書いたローゼンクランツが伝えています。シェリングは、この非合理な「事実存在《エクシステンティア》」

「事実《ポジトウム》」を「現実」(Wirklichkeit《ウイルクリヒカイト》) とも呼んでいました。

現実の非合理性を説くシェリングのこの後期哲学は、講義のなかで展開されただけなのに、一八三〇年代になると若い世代の共感を喚《よ》ぶようになります。というのも、先ほどふれたように、この時代ドイツ連邦は検閲を強化し、すべての政治結社を禁止し、政治的亡命者の相互引渡しを義務化するなど体制を強化し、いっさいの反体制運動を弾圧したため、自由化民主化をもとめてそうした運動を企てた若い世代は、現実が理性的でなどなく、理性など撥ねかえすまったく非合理な厚い壁であることを実感していたからです。ヘーゲルの歿後十年目に、永いあいだ空席になっていたベルリン大学哲学科の主任教授のポストにシェリングが招かれることになり、一八四一年、かつてヘーゲルが講義していたベルリン大学の大講堂でその就任講義がおこなわれましたが、この講義には、エンゲルスをはじめ、ロシアから来たのちの無政府主義者バクーニン、スイスのバーゼルからきたのちの大歴史家ブルクハルト、そしてデンマークのコペンハーゲンからきたキルケゴールなどが出席していました。彼らは当初深く感動しながらシェリングの講義に聴き入ったようです。キルケゴールは、シェリングが講義のなかで「現実《ウイルクリヒカイト》」という言葉を発するのを聞いた瞬間、彼のうちなる思想の胎児が躍るのを感じたと日記に書き残しています。しかし、彼らのその感動は間も

キルケゴール

なく幻滅に変わりました。シェリングの思想がどこまでも神学的神話学的思弁のかたちで展開されるのにがっかりしたのでした。同じ「現実」を問題にしても、所詮、同床異夢だったのでしょう。キルケゴールも半年ほどでコペンハーゲンにもどってゆきます。

## キルケゴールの「実存」の思索

もっとも、キルケゴールだけはシェリングの講義から「実存《エクシステンツ》」（ラテン語の ex-istentia はドイツ語では Existenz《エクシステンツ》 となります）という概念を学び、以後それを軸に独自の思索を深めてゆきます。ただし、キルケゴールは、シェリングがすべての事物の事実存在を指すために使ったこの言葉を、もっぱら自分にとっての自分の事実存在を指すためにだけ使います。というのも、キルケゴールにとっては、なぜそんなものが存在するのか理性によって納得しがたいもののうちでもその最たるものが自分自身の存在だったからでしょう。彼は生来虚弱だった上に自分で「肉体の刺」と呼んでいる身体的障害をもってもいたようですし、二人の兄と三人の姉、それに母を相継いで失いましたが、彼は自分の存在や一家を襲うその不幸を父の罪に結びつけていました。その頃父は富裕な毛皮商人になっていましたが、子供の頃デンマーク北方のユトランドの荒野で貧しい羊飼いをしていて、飢えと寒さのあまり神を呪ったことがあり、キルケゴールは幼時から繰りかえし父にその話を聞かされていたのです。またこの父は先妻の死亡以前から下女だったキルケゴールの母を暴力的に犯し、先妻の死後に後妻に入れたという事実をも彼は知って、みずから「大地震」と呼んでいる精神的衝撃を体験したようです。彼にとっては、そんな自分が存在しているという事実くらい、理性によって納得しがたいものはなかったのです。彼が自分にとっての自分の存在をことさらに「実存《エクシステンツ》」と呼んだわけも分かるような気がします。こうして、キルケゴールのもとで事実存在《エクシステンティア》という概念は狭隘《きょうあい》化され、それだけシェリングにおいてより問題のスケールは小さくなりましたが、しかしそれだけ尖鋭化されることにもなり、そうしたかたちで二十世紀の実存哲学や実存主義に承け継がれることになりました。

### サルトルの実存主義

ところで、シェリングはこの後期哲学において、伝統的形而上学の本質的契機であった事実存在に対する本質存在の優位をくつがえし、いわば事実存在を本質存在に優先させようとし、そうすることによって形而上学の克服をはかっているわけですが、これもまたおよそ一世紀後にサルトルによって幾分卑小なかたちで繰りかえされることになります。第二次大戦終結直後サルトルが実存主義宣言とも言うべき講演をおこない、そこで「実存《エグジスタンス》が本質《エッサンス》に先立つ」というテーゼを掲げていることは、ご存知の方も多いと思います。彼はペーパー・ナイフを例にとり、こうした制作物のばあいなら、その「本質」(つまり、制作に先立って職人が念頭に置いている「紙を切る道具である」という本質存在)の方が個々のペーパー・ナイフの「実存」(事実存在)に先立つわけです。人間のばあいも、もし人間が神によって創造されたのだとしたら、創造に先立って神の思い描いた人間の本質の方が個々の人間の実存に先立つことになりますが、もし神が存在しないとしたら、実存に先立ついかなる本質もなく、各人がその実存を拠りどころに自己の本質(つまり、自分が何であるか)を自由に選びとることができるはずだと主張したのです。ここでもまたシェリングは実存主義の先駆者とみなすことができそうです。

### 根源的自然

それはともかく、シェリングはその非合理な悪や悲惨事の事実存在をどう説明しようとしていたのでしょうか。彼は、合理的な事物の本質存在は神に由来するが、非合理な事実存在が神に由来することはありえず、それは神よりももっと根源的な神の根底に由来するのだと考えます。そして彼は、この神の根底を「神の内なる自然」(Natur in Gott《ナトゥーア・イン・ゴット》)と呼んでいます。神というのが気に入らないのでしたら、この神を理性と言いかえてもよいと思います。つまりシェリングは神（理性）を究極的なものと考えるのではなく、その神（理性）がそこから立ち現われてくるもっと根源的な自然を想定し、それこそが究極的な存在だと考えるのです。彼は神を光、神の内なる自然を闇に喩《たと》えてもいます。つまり、光は闇から発出してくる、あるいは闇がおのれのうちから光を発出させるのだと考えているのです。闇はそれだけでは真暗なので、闇がおのれのうちから光を発出させ、それによっておのれを照らしかえさせようとするのです。それと同じように、それ自体では混沌である自然がおのれのうちから神（理性）を発現させ、それによっておのれを照らし出させるのだとシェリングは考えているようです。彼はこの神の内なる自然を「根源的自然」(Urnatur《ウアナトゥーア》)とも呼んでいます。それは生きて生成する自然、意欲(Wollen《ヴォレン》)を本領とし、それによって生動する自然なのです。一八〇九年の著書の表題で言われる「人間的自由」というのも、一見そう思われるような人間の意志の属性としての自由、善を選んだり悪を選んだりする選択の自由のことではありません。彼の言う自由とは存在者全体の根本性格であり、生きた自然というときのその「生」のことなのです。それが人間において現われてくる姿が「人間的自由」なのであり、ここでシェリングはその姿を見さだめようとしていたわけです。

こうしてシェリングは、生きた自然を復権することによって近代の物質的自然観を克服し、つまりは形而上学を克服しようと企てていたことになります。自然を生きたものと見るとき事実存在に対する本質存在の優位もくつがえることになるのですが、はたしてシェリングやサルトルのように本質存在と事実存在の優劣関係を逆転するだけで形而上学が克服されうるものでしょうか。ハイデガーは、本質存在と事実存在を区別することそれ自体が問題なのであり、この区別とともに形而上学的思考様式がはじまるのであるから、必要なのはその優劣関係を逆転することではなく、その区別以前の単純な存在に帰ることだと言っています。それはともかく、二十世紀の実存哲学や実存主義は、シェリングのこうした思想動機を幾分矮小化して承け継いだものと見ることができそうです。

## 第二節　マルクスの自然主義

奇妙に聞こえると思いますが、私には『経済学・哲学草稿』でマルクスが主張している「自然主義」にもシェリングときわめて似た思考パターンが認められるように思われます。が、この草稿執筆前後のマルクスの身辺について、まず見ておきましょう。

マルクス

### 『経済学・哲学草稿』

マルクスは一八一八年にプロイセンのライン州トリーアに、ユダヤ人の弁護士の子として生まれました。一八三五―四一年の間、ボン大学とベルリン大学で法学・歴史学・哲学などを学び、四一年にイェナ大学に学位論文を提出して学位を取得します。ベルリンではブルーノ・バウアーらへーゲル左派の人たちと交わり、影響を受けたようです。大学教授になりたかったようですが、ユダヤ人にはほとんどその道は閉ざされていたので、四二年にブルジョワ急進主義的立場の新聞『ライン新聞』の主筆となって健筆をふるいました。が、四三年三月には発行停止処分を受けてしまいます。その年の六月に結婚し、十月には新妻のイェニーと共にパリに移住、四五年二月にブリュッセルに移るまで十五ヵ月間をそこで過します。パリ移住の目的は、そこでアルノルト・ルーゲと共に「フランスの心とドイツの頭」（フォイエルバッハ）、つまり革命的精神と哲学的知性とをそなえた雑誌『独仏年誌』を発刊するためであり、四四年二月にはその創刊号が出ましたが、この雑誌はプロイセンとフランスの官憲の追及を受けた上、ルーゲとの仲も気まずくなり、一号で廃刊になってしまいます。その発刊の直後から八月までのおよそ半年間に書かれたのが、のちに『経済学・哲学草稿』と呼ばれることになるノート群です。ここでマルクスはアダム・スミスを中心とするイギリス古典経済学とヘーゲル哲学とを批判的に摂取し、唯物論と観念論を統合する「自然主義」の立場を提唱しています。この研究がほぼ一段落した八月下旬から九月初めの頃にマルクスはエンゲルスと親交を結び、ブリュッセル移住後の『神聖家族』や、『ドイツ・イデオロギー』を手はじめに終生にわたる緊密な共同作業をはじめます。エンゲルスと出会う直前に筆を擱《お》かれた『経済学・哲学草稿』はそのままトランクの底にでもしまいこまれ、マルクスとともにあちこちを転々としたのでしょうが、結局一九二〇年代になって遺品のなかから発見されるまで陽の目を見ないでしまいました。したがって、この草稿はエンゲルスの目にもレーニンの目にもふれることなく、彼らの手で歪められることもなかったわけで、そこからマルクスその人の独自の思想を読みとることができるものなのです。

二十六歳のマルクスの手になるこの草稿で展開されている思想は、まだフォイエルバッハやモーゼス・ヘスの強い影響下にあるとか、まだヒューマニズム的イデオロギーの段階にあって科学的理論になっていないとか、このあと一八四五年春に書かれた「フォイエルバッハに関するテーゼ」によって認識論的切断がおこなわれ、そのあとではじめて成熟したマルクスの思想が形成されるのだといった批判もくわえられ、いまだに評価のさだまらないものではありますが、私はやはりここでマルクスはその思想の哲学的基盤を確保したのであり、この後形成される唯物史観も、それにもとづいておこなわれる経済学批判の作業も、この哲学的基盤の上に立ってはじめて可能だったと思っています。それに、この草稿のなかでマルクスはヘーゲルの『精神現象学』との批判的対決をおこなっていますが、これは実に天才的な洞察に満ちたものであり、これ以後マルクスが哲学的問題を哲学的手法で論ずることが二度とないだけに、その点だけからでも十分に検討に価するものだと思います。必ずしもマルクスの成熟期の思想と結びつけなくても、ここで展開されている思想をそれだけで評価してみることも可能なのではないでしょうか。

### ヘーゲルの批判的摂取

マルクスがここで、『精神現象学』を採りあげ、これを「ヘーゲル哲学の真の誕生の地であり、その秘密だ」と見ていることだけでも、瞠目《どうもく》に価します。というのも、ヘーゲル歿後にはじまったヘーゲル学派の解体のなかで、まず論点にされたのはヘーゲルの宗教哲学であり、次いで法哲学、せいぜい歴史哲学までで、初期の『精神現象学』に注目する者は当時誰もいませんでした。しかも、われわれは今日、ヘーゲルが『精神現象学』を書くに先立ってどのような思想形成をし、イェナ大学でどのような講義をしていたかを出版された講義ノートや遺稿から知ることができますし、またそこから、彼の関心がどこへ向かっていたかをも知ることができますが、マルクスはいっさいそういう材料なしに、この本の中軸がわずか数ページしかない「主人と奴隷」の章で展開されているいわゆる「労働の弁証法」にあることを洞察しているのです。やはり天才と言うしかないと思います。

ところで、この『草稿』でマルクスは自分の立場を次のように表明しています。

ここにおいてわれわれは、貫徹された自然主義すなわち人間主義が観念論とも唯物論とも異なるということ、そして同時に、これこそがそれら両者を統一する真理であるということを知るのである。

「貫徹された自然主義すなわち人間主義」というのはおかしく聞こえるかもしれませんが、これは原語では der durchgeführte Naturalismus oder Humanismus《デア・ドルッヒゲフューアテ・ナトゥラリスムス・オーダー・フマニスムス》であり、こんなふうに一つの定冠詞に導かれた二つの名詞をつなぐ oder は、「あるいは」ではなく「すなわち」という意味になります。その証拠に、これに続けてマルクスは、

同時にわれわれは、ひとりこの自然主義のみが世界史の行為を概念的に把握しうるものだということをも知るのである。

と述べています。これは、「自然主義すなわち人間主義」とは一言で言えば「自然主義」だということだと思います。彼にとって「現実の人間」とは「人間的自然」で

あり、そのまま「自然」にほかならないのです。

### 全面的真理の立場

そして、先の引用で「唯物論」と言われているのは、フランス啓蒙思想のうちに現われたド・ラ・メトリーやドルバック、ディドロなどのいわゆる機械論的唯物論であり、のちに見るように、ここにはマルクスにすぐ先立つフォイエルバッハの唯物論もふくめて考えられているようです。また「観念論」ということで考えられているのがヘーゲル哲学であることは、前後の文脈から明らかです。彼は自分の言う「自然主義すなわち人間主義」がそれらの唯物論とも観念論とも異なり、しかも両者を統一する真理の立場だと主張するのです。ということは、それら唯物論と観念論もまったく誤っているわけではなく、それぞれに半面の真理はそなえているが、しかしそれはやはり半面の真理でしかなく、それを綜合するときにはじめて全面的真理の立場に立つことができるという意味です。してみれば、彼の言う全面的真理の立場である「自然主義すなわち人間主義」がいかなるものであるかは、ここで言われている唯物論と観念論がいかなる意味で半面の真理をもつのか、またいかなる意味で半面は虚偽であるのかを確かめればよいことになります。

そして、その答えも、マルクス自身が与えてくれているのです。たしかにそれは『経哲草稿』においてではなく、その約半年後にブリュッセルで書かれた「フォイエルバッハに関するテーゼ」においてですが、私は、この二つは同じ思想圏に属するものだと思っています。マルクスはその第一テーゼでこう言っています。

これまでの唯物論――フォイエルバッハのそれもふくめて――の主要な欠陥は、対象・現実・感性がただ客体の、あるいは直観の形式のもとで捉えられているだけで、感性的＝人間的活動、実践としては、つまり主体的には捉えられていない点にある。そのため、動的な側面は、唯物論との対立において観念論によって、抽象的に展開された。抽象的に、というのは、むろん観念論は、本当の意味での現実的・感性的行為を知りはしないからである。

ひどく凝縮された文章なので分かりにくいかもしれませんが、少し読み解けば、それほど難しいことを言っているわけではないことが分かります。フォイエルバッハの唯物論もふくめてこれまでの唯物論は、すべてを惰性的な物質と見るため、「対象・現実」はそれ自体で存在している「客体」としてとらえられ、人間の「感性」も与えられたものをただ受動的に受容するだけの「直観」としてしかとらえられませんでした。しかし、ヘーゲルの章で見たように、人間は――ヘーゲルのばあいは「精神」でしたが――労働を通じてはじめて人間になる、つまり対象に働きかけるなかで対象によって働きかけられ、より高次の人間に成長してゆくという能動性をもっています。その能動性が、つまり「感性的＝人間的活動」、「実践」の面が従来の唯物論によってはとらえられなかった、というのです。一方、対象の方も人間のそうした能動的な働きかけを受けて、労働の主体である人間の内的本質を注ぎこまれ、「主体的」にされることによって現にあるようになったのに、それもまた従来の唯物論によってはとらえられませんでした。そのため、そういった「動的な側面」は、唯物論と対立する観念論、つまりヘーゲル哲学の労働の弁証法において問題にされることになります。しかし、それはあくまで「抽象的」にでしかありませんでした。なんといっても、ヘーゲルのばあい、労働の主体は――おかしなことですが――抽象的な精神でしかなかったからです。その点、人間をあくまで「感性的＝現実的」存在としてとらえた唯物論にもそれなりの正しさ、真理性があることになります。こうして、従来の唯物論もヘーゲル哲学も一長一短、それぞれに半面の真理しかもっていないのです。そこで、この二つの立場を統合し、言ってみればヘーゲルのあの労働の弁証法の主体を抽象的精神ではなく、感性的＝現実的な人間に置き換えれば、全面的な真理の立場が獲得されることになります。

## 労働の弁証法

しかし、それではなぜその全面的真理の立場が「自然主義すなわち人間主義」と呼ばれ、一言で言うなら「自然主義」と呼ばれるのでしょうか。もう一度ヘーゲルのあの労働の弁証法を思い出し、それをマルクス流に改造して考えてみれば、それは明らかになります。今や労働の主体は「よく仕上った固い大地の上に立って、すべての自然力を呼吸している現実的な、肉体をそなえた人間」、つまり感性的＝現実的な人間であり、労働とはその人間が外なる自然へ働きかけ、そこに自己の内的本質を注ぎこみ、その自然をおのれの望む姿に変えてゆく過程です。しかし、このばあいも、労働過程というのはけっして一方的な働きかけではなく、それを通じて人間もまた自然に働きかけられ、変えられてゆきます。前人未踏のジャングルを実り豊かな麦畑に変えるためには、人間は自然法則に通暁し、自己の直接的欲望を抑え、忍耐強く働かなければなりません。その過程を通じて、人間は豊かな知識と強靭《きょうじん》な意志と頑健な肉体をそなえたより人間らしい人間に成長してゆくことでしょうが、それを労働の対象である自然による働きかけの結果と見てもよいと思います。こうして労働過程を通じて人間と自然とのあいだに交流が起こり、自然も人間化されるでしょうが、人間も自然化されることになります。しかし、人間が自然化されるといっても、それはけっして人間が野蛮になるということではなく、人間がいっそう人間らしい人間になってゆくことです。同様に、自然が人間化されるというのも、けっして自然が箱庭のような不自然なものになるということではなく、自然がそのもっている潜在的可能性を実現してゆくことにほかなりません。労働過程を通じて人間と自然はたがいに交流し、人間は人間の本質を完成し、自然もまたその本質を完成するというわけです。となると、労働を通じての自然との交流は人間がたまたまおこなったりおこなわなかったりできる外的・偶然的なものではなく、人間が人間になるためにはぜひともなくてはならないもの、いわば人間の内的本質に属するものだということになります。それはなぜでしょうか。もともと人間が自然の一部だからです。つまり、人間と自然とはもともと血縁関係にあるのです。マルクスはそうした人間の在り方を「類的存在」(Gattungs-《ガットゥングス》wesen《ヴェーゼン》)という言葉で言い表わしています。この言葉は、人間が一人ひとり孤立して存在するものではなく、「類」として存在するものだという意味でもありますが、それだけではなく、人間と自然との類的関係、つまり血縁関係をも意味しているようです。マルクスは「人間はそのまま自然的存在である」ということを繰りかえし強調しています。だからこそ、人間は労働を通じて、自分がその一部である自然の他の部分と交流することによって自己の本質を完成することができるのであり、自然との交流がその内的本質に属するということにもなるのです。

## 疎外された労働

しかし、現実の資本主義社会においてはどうでしょうか。人間は労働によってその本質を完成されるどころか、労働をすればするほど、貧しくなり非人間化されてゆきます。労働者はその労働を自分のものとして自発的におこなうことができず、労働の成果を自分のものとすることなどできません。彼は他人のために、また自分の生産した商品の論理に縛《しば》られて、いやおうなしに働かされるのです。彼はむしろ労働から解放されたときにはじめて人心地がつき、おのれの人間性を幾分回復します。つまり、労働者は自己の労働から疎外され、自分の労働の生産物である商品から疎外され、そして自己自身から、つまりみずからの類的存在——自然との血縁関係——からさえ疎外されています。当然、自然の方も、人間の労働によって破壊され、荒廃してゆくことになります。マルクスは、これは労働そのものが労働の本質から疎外されているためだと考えています。労働がそのあるべき本質から疎外されているために、人間の自己疎外も起こるというわけです。「ヘーゲルは労働を人間の本質として、言いかえれば、人間が自己を実証してゆく本質としては捉えている。しかし、彼は労働の肯定的側面だけを見て、その否定的側面を見ていない」と言って、マルクスはヘーゲルを批判しています。

では、なぜそうした労働の疎外が起こったのでしょうか。この点ではっきりしないところもあるのですが、たとえば「疎外された労働の概念を、私有財産の運動からの帰結として獲得した」といった言い方から見れば、マルクスは私有財産制の結果として労働の疎外が起こったと考えているようです。はっきりしないと言ったのは、彼が他方では「疎外された労働の結果として成立した私有財産」と言ったり、「直接的に感性的なこの物質的な私有財産は、疎外された人間生活の物質的・感性的表現である」と言ったりするからなのですが、大筋においては、私有制によって労働の疎外が惹《ひ》き起こされたと考えていると見てよいと思います。そこで、私有制を廃棄して共産主義社会を実現すれば、労働がふたたびおのれの本質を回復し、その労働を通じて人間は人間の本質を完成し、自然もまた自然の本質を完成することもできるわけです。「貫徹された自然主義すなわち人間主義」とは、まさしくこれを目指す立場にほかなりません。

人間の自己疎外としての私有財産の積極的止揚としての共産主義。……この共産主義は、完成した自然主義として人間主義であり、完成した人間主義として自然主義である。これは、人間と自然との、人間と人間との敵対関係の真の解決であり、事実存在と本質存在との、対象化と自己確認との、自由と必然との、個と類との対立の真の解決である。それは歴史の謎の解決であり、自分がこの解決であることを自覚している。

ここで説かれている共産主義社会は、まさしくユートピアであって、科学的に達成可能な社会状態などとは思えません。が、それはともかく、ここではっきりしなかった私有制と労働の疎外の関係を解明するために、一八五〇年代以降マルクスが資本主義社会の経済機構の分析に向かったのだとは考えられないでしょうか。

**自然主義**

ところで、マルクスは彼の主張する「貫徹された自然主義すなわち人間主義」を、一言で言えばといった感じで簡単に「自然主義」と言いかえていました。これはどういうことでしょうか。先ほどもふれたように、労働の主体である人間も、その労働によって働きかけられる対象も自然なのであり、労働過程というのは、自然の内部で起こる運動にほかなりません。ということは、労働過程とは、それ自体では混沌である自然がおのれ自身のうちに労働の主体を出現せしめ、それと自然の他の部分とのあいだに弁証法的運動を起こさせて、いわばおのれの本質を完成することだと考えてよいと思います。むろん、そうした自然は無機的物質などではありえず、生きた自然と考えざるをえません。この思考パターンは、シェリングのそれにひどく似ています。おそらく彼らがなんらかの影響を受けたロマン主義にあった一つの思考パターンなのだと思われます。マルクスは『ドイツ・イデオロギー』以降、唯物論(Materialismus《マテリアリスムス》)を標榜するようになりますが、その唯物論にしても、すべてのものは無機的な物質だと主張するものではなく、むしろ単なる制作の素材《マテリアル》、労働の素材に貶《おとし》められた自然の権利を回復し、それにふたたび人間との正しい弁証法的関係をとり結ぶようにさせようとする試みだと見るべきでしょう。古くから、形而上学的思考様式に対する反逆――西洋の歴史においても、これはたびたび繰りかえされています――は唯物論というかたちをとってきました。こうして、マルクスの言う「自然主義」も「唯物論」

も、「生きた自然」の概念の復権による形而上学克服の一つの試みだったと見てよいのではないかと思うのです。そして、先の引用文のなかでマルクスが「事実存在と本質存在との……対立の真の解決」に言及していることも、注目してよいことだと思います。

## 第三節　ニーチェと「力への意志」の哲学

しかし、「生きた自然」という概念を復権することによって形而上学的思考様式を克服しようとするそうした試みを、もっとも壮大なスケールで展開したのはニーチェです。彼ほど広範な影響を及ぼしながら、しかも多くの誤解にさらされてきた思想家も珍らしいのですが、その思想の骨格が最近ようやく少しずつ見えてきたように思われます。しかし、それを確かめる前に、まず彼の生涯を簡単に見ておくことにしましょう。

### ニーチェの生涯

フリートリッヒ・ヴィルヘルム・ニーチェは、一八四四年にライプチヒ近郊のレッ

ニーチェ

ケンという小さな村の牧師館に生まれました。代々、プロテスタントの牧師の家系だったようです。父が早く亡くなったので、一家はナウムブルクという町に移り、ニーチェは祖母や母、叔母、妹のエリーザベトと女ばかりにかこまれ、固苦しいプロテスタント的徳目を掲げた小市民的家庭で育てられました。これがかえって、キリスト教的道徳に対する彼の強い反撥を促したとも言えます。初等教育を終えたあと、彼はシュールプフォルタというドイツでも名門中の名門のギムナジウムに学びますが、当時から早熟の才能がその片鱗を示していたようです。そこを卒業後、ボン大学の神学部に入り、神学と古典文献学《フィロロギー》を学びながら、学生団に加入していわば青春を謳歌しますが、この時期に生涯の宿痾《しゅくあ》となった梅毒にも感染しました。しかし、一年後には心を入れかえてライプチヒ大学に移り、古典文献学に専念します。古典文献学というのは、ギリシア・ローマの古典を、主として言語学的側面から研究する学問ですが、ニーチェがはじめから哲学を専攻したのではなく、古典文献学から勉強をはじめたということは、その思想形成に決定的な意味をもつことになります。

ライプチヒ時代にニーチェは、偶然読んだショーペンハウアー（Arthur Schopenhauer, 1788—1860）の『意志と表象としての世界』（一八一九年）から深刻な影響を受けます。ショーペンハウアーのこの本は、当時支配的だったドイツ観念論流のカント解釈に逆らって独自のカント解釈を呈示し、それにからめて自分の悲観主義的《ペシミスティック》な哲学を展開しようとしたものですが、なにしろヘーゲル哲学の全盛期でしたから出版直後はまったく無視されました。それが、皮肉なことに、ショーペンハウアーの晩年になって、ということは一八四八年のドイツ革命が挫折したあとということですが、悲観主義的な時代風潮のなかで再評価され、急に増刷されはじめたのです。ニーチェが読んだのもその一冊だったのでしょう。やはりこのライプチヒ時代にニーチェは、およそ三十歳年長の作曲家リヒアルト・ワーグナー（Richard Wagner, 1813—1883）と知り合い、ショーペンハウアー哲学への共感を媒介にして親交を深めます。こうしてショーペンハウアーとワーグナーという、強烈な個性をもった二人の思想家の呪縛《じゅばく》のもとに、しばらくのあいだニーチェは置かれることになります。その呪縛から解き放たれ、その影響を克服する過程でニーチェ独自の思想が形成されたと言っても、けっして言いすぎではありません。が、これはもう少しあとの話になります。

古典文献学徒としてすぐれた才能を発揮したニーチェは、一八六九年春、まだ大学を卒業する前に、スイスのバーゼル大学に助教授として招かれます。二十五歳の誕生日を迎える前のことで、これは当時としてもきわめて異例のことだったようです。バーゼルでは、前に名前を挙げたことのある（一九一ページ）ギリシアとルネサンスの文化史・美術史の泰斗ブルクハルト（Jakob Burckhardt, 1818—1897）や、やはり文化史家で母権制理論の提唱者バッハオーフェン（Johann Jakob Bachofen, 1815—1887）の知遇を得ます。親子ほども歳の違うこれら二人の歴史家からもニーチェは強い影響を受け、独自の歴史の見方を学んだようです。

古典文献学者としてのニーチェの専攻領域は、彼が言うところの「ギリシア悲劇時代」、つまり通常「ギリシア悲劇」と呼ばれている芸術様式が成立してくる時代でした。これは、第四章で見た「フォアゾクラティカー」たちの活躍した時代と重なり、ニーチェはバーゼル大学でこのソクラテス以前の思想家たちについての講義もおこなっています。古代ギリシア早期についてのこの研究が、のちに彼の思想形成の方向を決定することになります。

『悲劇の誕生』

バーゼルに移って三年後の一八七二年にニーチェは、ギリシア悲劇成立史についてのどちらかと言えば思弁的な研究『音楽の精神からの悲劇の誕生』を処女作として出版します。しかし、この論文はその様式において、精緻《せいち》な実証を売り物にしていた当時の古典文献学の論文のスタイルを大きく逸脱していましたし、その上、ここでニーチェの展開したギリシア観が、当時の常識的なギリシア観とまったく食い違うものだったので、ヨーロッパの古典文献学界においてはじめは冷ややかに無視され、やがて烈しく批判されることになりました。当時のヨーロッパでは、古代のギリシア民族は、あのみごとな造型芸術や、オリュンポスの神々のあの鮮明な形象からもうかがわれるように、ひたすら清朗《ハイテル》で楽天的な民族だと思われていました。ところがニーチェは、古代ギリシア民族の魂の奥底には、小アジアから入ってきた酒と性的放縦の神ディオニュソスを祭る秘密宗教に象徴されるような激情と暗い厭世主義《ペシミズム》がひそんでおり、ギリシア人はそれを克服するためにアポロンの美しい姿に象徴されるオリュンポスの神々や造型芸術を創造したのであり、ディオニュソス祭儀の際の狂乱の歌ディテュランボス（酒神讃歌）から出発した合唱団のコーラスと、ディオニュソスの夢のヴィジョンである舞台上の俳優の演技とが、つまりディオニュソス的原理とアポロン的原理とがみごとな調和を実現したとき「悲劇」という様式が成立したのだと主張したのです。ニーチェのこうしたギリシア観には、ブルクハルトやバッハオーフェンの古代史観の影響もうかがえますが、彼がギリシア文化の構成原理として提唱した「ディオニュソス的」原理と「アポロン的」原理がショーペンハウアーの主張した「意志」と「表象」のとらえなおしであることも明らかです。ニーチェには、この『悲劇の誕生』によって、当時バイロイトに祝祭劇場を建設して綜合芸術運動を展開しようとしていたワーグナーに協力しようという気持もあったようです。

『悲劇の誕生』が刊行されて半年後、プフォルタ学院でのニーチェの後輩であり、やがて次代のヨーロッパ古典文献学界の指導者になりますが、当時はまだ少壮の古典文献学者だったヴィラモーヴィッツ＝メーレンドルフ（Ulrich von Wilamowitz-Moellendorff, 1848—1931）が、学界を代表するようなかたちで、ニーチェのこの処女作に痛烈な批判をくわえたため、ニーチェは古典文献学界からいわば葬り去られ、その講義にももはや古典文献学科の学生は一人も出席しなくなってしまいました。学生時代に感染した梅毒のため健康状態が悪化したこともあって、ニーチェは一八七九年にはバーゼル大学教授を辞任し、以後は年金を頼りに、夏は涼しいスイス、冬は暖いイタリアといったぐあいに、渡り鳥のような暮し方をしながら、在野の思想家として生きてゆくことになります。一八七六年の秋には、一時あれほど傾倒したワーグナーとも訣別し、それとともにショーペンハウアーの呪縛《じゅばく》からも脱却して、自分独自の思想を模索しはじめるのですが、一八七〇年代はまだそのための基礎的準備に費やされます。

## 「哲学的主著」の構想と発狂

一八八〇年代に入ると、やがてニーチェは「一個の自立せる思想家」としての自覚に達し、まず八三年から八五年までかけて四部から成る大長篇思想詩『ツァラトゥストラはこう語った』を完成します。しかし、これは彼のいわゆる「私の哲学」(Meine Philosophie《マイネ・フィロゾフィ》)のための玄関口にすぎなかったのであり、八五年頃から今度は本格的にこの「哲学的主著」――その構想がもっとも成熟した時期には、これに「力への意志」という表題が予定されていました――の執筆にとりかかります。しかし、その構想を次々に組み替え、苦闘しているうちに、八九年一月三日、当時イタリアのトリノにいたニーチェに精神的危機が訪れ、以後彼を狂気の闇に閉じこめてしまいました。

友人が迎えにいってバーゼルに連れ帰り、次いで母に引きとられてイェナに移り、イェナ大学の附属病院に入院してその看護を受けます。一八九七年に母親が死去すると、夫に先立たれて南米パラグアイから帰国してきた妹に引き継がれ、ワイマールに移されて看護を受けますが、世紀の替わり目の一九〇〇年八月にその地で歿しました。晩年の十年間はその精神活動は停止していたようですから、彼の思想的営みは、ほぼ一八八八年いっぱいで終わったと見てよさそうです。

### 伝統的哲学とのかかわり

前にもふれたように、ニーチェほど多くの誤解にさらされた思想家もめったにいないのですが、その誤解のなかでも最たるものは、彼が「詩人哲学者」であり、抽象的思考を嫌い、当然哲学の伝統などとはまったく無縁に、自分の具体的体験だけを、それもいわゆる哲学的著作の形式などに拠らず、もっぱら警句集や叙事詩のかたちで語りつづけた思想家だという誤解です。彼はけっして抽象的思考を嫌ったりはしていません。「抽象的思考は、多くの人びとにとっては労苦であるが――私にとっては、気分のよい日には祝祭であり陶酔である」と書いているくらいです。哲学の伝統と無縁に思索したというのも誤りで、彼は伝統的哲学を十分に消化し、それを踏まえてその思想を形成しました。『悲劇の誕生』で提起した「ディオニュソス的原理」と「アポロン的原理」とがショーペンハウアーの「意志としての世界」と「表象としての世界」のとらえなおしだということは前に述べましたが、ショーペンハウアーの哲学はあくまでカント哲学の独自の継承であり、「意志としての世界」がカントの「物自体の世界」、「表象としての世界」がカントの「現象界」に対応することは言うまでもありません。そして、カントが物自体の世界に関わる能力と考えた「意志」と、現象界に関わるものと見た「認識作用」とは、ライプニッツが「単子《モナド》」の属性とみなした「意欲《アペテイトウス》」と「表象《ペルケプテイオ》」に由来するものです。つまり、ライプニッツ—カント—ショーペンハウアーと承け継がれ、しかもつねに認識よりは意志を、表象よりは意欲を重視するドイツ哲学の連綿とした伝統があり、ニーチェもこの伝統を踏まえ、それを乗り越えるかたちで、自分の「哲学」を形成してゆくのです。また彼が警句集や叙事詩のかたちでしかその思想を表現しなかったというのも誤解で、彼がこうした表現形式をとったのは、彼がまだ修業中であり、その思想を完成していなかったからなのであり、その「哲学的主著」は、もし完成していれば、けっしてそんなかたちでは書かれなかったと思われます。かなり一般的な意味で「体系的」と言ってよい著作の構想が、八〇年代後半のニーチェにはあったのです。

私がいま考察してみようと思っているのも、八〇年代後半に彼によって企てられたこの「哲学的主著」において展開されるはずだった思想、彼のいわゆる「私の哲学」なのです。彼は八〇年代後半のこの数年間、さまざまにプランを練り直し、そのつどのプランをもとに厖大《ぼうだい》な草稿を書き残しています。これらの草稿は、ニーチェの歿後、妹の手で『力への意志』という表題のもとに編集されて出版されましたが、その編集方針に疑義があり、今日ではこの本は解体され、一八八〇年代の遺稿は全部年代順に配列され出版されています。

「力への意志」

妹エリーザベトが遺稿を編集する際に選んだ「力への意志」という表題は、一八八七年の春に立てられたプランに見られるものであり、たしかにこのプランがニーチェのもっとも成熟した構想に対応しているように思われます。八八年に入るとニーチェは、あたかも精神的危機を予感したかのようにこの「主著」の作業を中断し、小さなパンフレットを次々に出版しはじめるからです。私もこの八七年のプランに従って、ここでニーチェの最後期の思想を再構成してみようと思います。そのプランとは次のようなものです。

力への意志
――すべての価値の転倒の試み――
第一巻　ヨーロッパのニヒリズム
第二巻　最高価値の批判
第三巻　新たな価値定立の原理
第四巻　訓育と育成

ニーチェは「ヨーロッパのニヒリズム」（der europäische Nihilismus《デア・オイロペーイッシエ・ニヒリスムス》）と題されたその第一巻で、ヨーロッパの形而上学の歴史をニヒリズムとしてとらえるつもりであったようです。私の哲学史観も、このニーチェに多くを学んでおりますから、当然これまでの叙述と重複することになりましょうが、それがどういう意味なのかをここでもう一度考えてみようと思います。

彼の主張するところでは、プラトン以来のヨーロッパの哲学――ニーチェは、ヨーロッパの哲学はすべて、のみならずその道徳も宗教も、本質的にはプラトン主義だと言います（「キリスト教は民衆のためのプラトン主義である」『善悪の彼岸』序文）――は、この現実の外に、肉体から分離された精神にのみ近づきうる超自然的（形而上学的)原理——たとえば、プラトンの「イデア」、アリストテレスの「純粋形相」、キリスト教の「人格神」、近代の哲学者たちの説く「理性」――を設定し、それとの関連においてこの自然界のもろもろの存在者の存在の意味を理解してきました。つまり、自然的存在者は、イデアを分有したり、神によって創造されたり、理性によって認識されたりするものであるかぎりにおいて存在者としての資格を認められるのであり、それ自体としては非存在なのです。あるいは、自然的存在者はそうした形而上学的原理に服従し、それにのっとって形成さるべき単なる素材《マテリアル》（物質）にすぎず、形成力はすべて形而上学的原理の方にある、というわけです。ヨーロッパ文化はこうした形而上学にもとづき、そうした形而上学的原理を目指し、いわば自然から離脱する方向で形成されてきました。ところが、そうした形而上学的原理とは、言ってみれば人間の願望の外に投射されたものでしかなく、本当に存在するわけのものではありませんから、ヨーロッパ文化は実は無へ向かって形成されてきたことになります。形而上学的原理をいくら追いもとめてもゆきつくことのできぬその徒労に疲れて、その空しさに気づき、ヨーロッパ文化が全体としてその指導原理を見失ったところに、十九世紀中葉のあのニヒリズム――「神は死んだ」という言葉に要約されるあの雰囲気――が生まれてきた、というわけです。ニーチェは、彼の時代が陥ったそれこそ虚無主義的な雰囲気を「心理的状態としてのニヒリズム」と呼んでいます。そして、言うまでもなく、その原因をたずね、それを克服しようというのが、彼の哲学的主著のねらいでした。

### ヨーロッパのニヒリズム

こうして、ヨーロッパ文化の指導原理となってきた形而上学的原理がその効力を失ったため、「心理的状態としてのニヒリズム」が生まれたにはちがいないのですが、しかし考えてみれば、その遠因は、そもそもありもしない形而上学的原理を設定したところにあったわけです。したがって、ニヒリズムということを言い出すなら、プラトン以来の形而上学の伝統の全体、さらにはそれにもとづく西洋の文化形成の全体をもニヒリズムと呼ばねばなりません。こうしてニーチェは、ニヒリズムというものを単なる主義主張のたぐい、ないしは一時代の精神的雰囲気としてだけではなく、なによりもまずヨーロッパの歴史を貫く一つの運動と見ようとするわけです。「ヨーロッパのニヒリズム」という一見奇妙な概念は、まさしくそうしたヨーロッパの歴史を貫く運動としてのニヒリズムをとらえようとするものなのです。しかも、ニーチェによれば、ニヒリズムの克服はこのニヒリズムを徹底させることによるしかないということですから、この歴史的運動はけっしてまだ終ったわけではなく、今後のヨーロッパの歴史をもなお規定しつづけることになります。そして、ニヒリズムを徹底し、それを完成することによってそれを克服するというこの仕事こそ、ニーチェがみずからに課したものだったのです。彼が、自分の哲学を「完全なるニヒリズム」とか「極度のニヒリズム」「古典的ニヒリズム」などと呼ぶのは、この意味においてです。

しかし、ニヒリズムを徹底してそれを克服するというのはどういうことでしょうか。そもそも心理的状態としてのニヒリズムとは、形而上学的原理の効力が失われ、それとともに、これまでこの原理によって意味や価値を与えられてきたこの現実の世界が無意味になり無価値になったと気づくところにはじまります。ニーチェは、価値の喪失を消極的に嘆くだけのこうした状態を、「消極的ニヒリズム」とか「病的な中間状態」と呼んでいます。これを克服するには、この「中間状態」を積極的に受けとり、こうした状態が、もともとありもしない最高価値、つまり形而上学的原理をあると信じたところから起こったのだということを明確な意識にもたらし、そうしたいっさいの原理を積極的に否定してゆく以外に途はありません。こうした態度を、彼は「積極的ニヒリズム」と呼びます。「最高価値の批判」と題された第二巻で彼は、従来の最高価値を設定してきた価値定立の仕方、つまり伝統的な哲学、道徳、宗教の徹底した批判を企てました。ところで、形而上学的原理を積極的に否定する、ということは、そうした原理にいっさい頼らずに、この現実の世界がそれ自身で有している意味や価値をありのままに積極的に認める、ということです。これは、さらに言いかえれば、形而上学的原理による形成の単なる素材《マテリアル》（惰性的な物質《マテリアル》）におとしめられる以前の根源的な自然、それ自身のうちに生成の原理を内包した生きた自然《フュシス》を回復する、ということにほかなりません。「新たな価値定立の原理」（第三巻）となりうるものは、これ以外にはないはずです。

## 力への意志

マルクスが、ヨーロッパの形而上学の伝統の完成態ともいうべきヘーゲル哲学との対決のなかから「自然の復権」を提唱するにいたったのに対して、もともと古典文献学者として出発したニーチェの方は、この形而上学の伝統の創始者であるプラトン以前のギリシア思想——フォアゾクラティカーたちの思想——から、こうした根源的自然についての考え方を学んだにちがいありません。形而上学的原理の設定とともにはじまったニヒリズムを克服するには、こうした根源的自然の概念を回復して、この現実の自然だけを唯一の実在と認め、この自然だけを原理にして存在の意味を基礎づける、そうした新しい存在論が必要なのだと、ニーチェは考えたわけなのでしょう。

彼が計画された哲学的主著の標題として選んだ「力への意志」という概念も、実は、そうした「生きた自然」の、いわばその「生」の構造を言い当てようとするものでした。というのは、こういうことです。つまり、「生きる」ということは、たえずより強く、より大きなものへと生長しつづける運動のことであって、この運動が停止し、現状維持に甘んずるようなことになれば、それはもはや生きているのではなく、死につつあるということでしょう。一方、その生の一つの発現形態である力というものも、たえずより強くなろうとしつづけるかぎりにおいて力たりうるのであり、その意味では、力とは「力への力」(Macht《マハト》 zur《ツア》 Macht《マハト》)と言うことによってはじめてその本質を言い当てることができましょう。同様に、意志というものも生の一つの発現形態なのですが、これも本質的により強い意志たらんと意志するもの、つまり「意志への意志」(Wille《ウィレ》 zur《ツア》 Wille《ウィレ》)だと言えましょう。ニーチェはこれを組み合わせた「力への意志」(Wille《ウィレ》 zur《ツア》 Macht《マハト》)という概念によって、いわゆる有機体の生《レーベン》だけではなく、一つの巨大な肉体ともいうべき自然の生《レーベン》の構造的特性をとらえようとしたにちがいありません。

ただ「生《レーベン》」と言えばいいものを、なぜニーチェは「力への意志」などというもってまわった概念をもち出したのでしょうか。それは、当時「生《レーベン》」と言えばだれしもショーペンハウアーの「生」の概念を思い浮かべるものだったようですが、この段階ですでにニーチェはショーペンハウアーの影響を脱し、「生《レーベン》」についてもショーペンハウアーとは違った考え方をするようになっていたからだと思われます。『意志と表象としての世界』でショーペンハウアーが「意志」と呼んでいるのは、けっして人間の自由意志のようなものではなく、すべての生物に認められる生きようとする意欲、生命衝動のことなのですが、彼にとってこの「意志の世界」、つまり生命界は弱肉強食、まったく無方向な衝動の渦巻く世界でした。ところがニーチェは、八〇年代の前半にはこうした生命概念を脱却して、生というものはつねに現にあるよりもより強く、より大きくなろうとする、はっきりした方向と内的分節構造をもったものと考えるようになっていました。その内的分節構造を示すのには、「力への意志」という概念が適切だと思ったのでしょう。

ニーチェが「生《レーベン》」の概念をこんなふうに考えなおすきっかけになったのは、一八八二年に出されたヘッケルの『ゲーテ、ラマルク、ダーウィンの自然観』だったと思われます。ヘッケルのこの本は、ダーウィニズムをドイツ語圏に紹介しようとするものでしたが、しかしヘッケルの紹介するダーウィニズムはいわば等身大のダーウィニズムではなく、ダーウィンの進化論をラマルクの進化論やゲーテの自然哲学に引きつけようとするものでした。ニーチェがこの本を読み、強い衝撃を受けたことは、この直後に書かれた遺稿にダーウィニズムや進化論についての言及が急に増えたことからもうかがわれます。むろんその言及は、ダーウィンやダーウィニズムに対する批判に満ちていますが、しかしその批判は、いわゆる機械論的な自然淘汰説や環境決定論に向けられたもので、進化論そのものに向けられたものではありません。ニーチェが生命を進化論的な方向でとらえるようになった一つのきっかけがヘッケルのこの本によって与えられたことは、ほぼ間違いないように思われます。

### 等しきものの永劫回帰

ニーチェがいっさいの存在者の根本性格を「力への意志」に見たということは、彼が存在者の全体つまり世界を絶えず生成しつつあるものと見たということになりましょう。しかし、世界はこのようにたえず生成しつづけながらも、もはやそれにはいっさいの形而上学的目標が拒否されているわけですから、それはどこにゆきつくこともありません。世界は永劫に生成しつづけながら自分自身に回帰するしかないのであり、つまりは「等しきものの永劫回帰」(die ewige Wiederkehr des Gleichen《ディ・エヴィゲ・ウィーダーケール・デス・グライヒエン》) という姿をとることになります。つまり「力への意志」という概念は、存在者の全体が「何であるか」を言い、ニーチェ哲学のもう一つの柱である「永劫回帰」という概念は、それが「いかにあるか」を言っていると考えてよいと思います。

ところで、このような「力への意志」という観点からの新しい存在論によって、形而上学的思考のもたらしたニヒリズムを徹底して克服するというとき、ニーチェは具体的にはどのようなことを考えていたのでしょうか。

**生と認識**

ニーチェは『力への意志』のために書かれた遺稿の一つで、次のようなことを言っております。「〈認識する〉のではなく、図式化するのである——われわれの実践的欲求を満たすに足るだけの規則性や諸形式を混沌《カオス》に課すのである」。ここで混沌《カオス》と言われているのは、たえざる生成のうちにある存在者のことだと考えておいてよさそうですが、とすると、この断章の言わんとするのは、認識の本質は、そうして生成する存在者に規則性や形式を押しつけ、それを「図式化」することだ、ということになりそうです。ところで、一般に認識とは「真なるもの」をとらえることであり、そして「真なるもの」とは、生成流転する自然界の外にあって永遠にとどまるもの、プラトンのイデアのような超時間的なものだと考えられています。とすると、「図式化」としての認識のねらいは、生成する存在者にこちらからカテゴリーを押しつけて、それをあたかも永遠に不変なものであるかのようにとらえる、というところにあるにちがいありません。

ところで、先ほどの遺稿によれば、こうした認識もまた「実践的欲求」にもとづくものなのです。この「実践《プラクシス》」という言葉の原義は「生の遂行」ということであり、したがって「実践的欲求」とは生《レーベン》の根底にひそむ欲求と考えてよさそうです。とすると、すべてを静止した不変なものとしてとらえようとする認識も、必ずしも生《レーベン》に対立するものではなく、むしろ生の本質的機能の一つだということになります。これはいったい、どういうことなのでしょうか。

ニーチェが存在者の全体を貫く根本性格としてとらえた生《レーベン》は、いま述べたように、ショーペンハウアーの考えた無方向な生命衝動などとは違って、「力への意志」といういわば分節された構造をもっており、たえず現にあるよりもより強くより大きくなろうとしているわけですから、自己の到達した現段階と高まるべき可能性とにたえず眼を光らせているきわめて計算高い——実際、ニーチェは「力への意志」に関して、よく「計算《レヒネン》する」という言葉を使っています——ものなのです。そして、ニーチエによれば、その計算の目安になるものが「価値」だというわけです。したがって、生《レーベン》はその本質のうちに価値定立作用や評価作用をふくんでいることになりますし、しかも、より強くより大きくなるには、まず達成された現段階を確保し、ついでそれよりも高まらなければならないわけですから、確保すべき現状を測るための目安と、高まるべき可能性を測るための目安と、二重の価値定立作用をふくんでいるわけです。「価値という目安は、生成の内部での生《レーベン》の相対的持続の複雑な機構に関する、確保と昂揚《こうよう》の条件となる目安である」という面倒な言いまわしも、上のような事態を言おうとするものにほかなりません。

　ところで、ニーチェによれば、認識とは、このうちの現状確保のための価値定立作用であり「真理」と呼ばれるものも、実は一つの価値、つまり確保さるべき現段階を測るために生《レーベン》によって設定された一つの目安にすぎないのです。「〈これこれのものはこうであると私は信ずる〉という価値評価が〈真理〉の本質にほかならない。……それゆえ、何ものかが真なりと思いこまれざるをえないということは必然的であるが、これは、何ものかが真であるということではない」という言い方で、ニーチェはこの間の消息を語っています。しかるに、伝統的な形而上学は、生《レーベン》が自己確保のための目安として設定したにすぎない価値を超越的存在として実体化し、逆に生《レーベン》をそうした超越的存在に隷従させてきた——ここにニヒリズムが生まれた、というわけなのです。「われわれは、われわれの確保の条件を存在一般の述語として投影してきた。増大するためには、われわれはおのれの信念において安定していなければならないということから、われわれは、〈真の〉世界は転変し生成する世界ではなく、存在する世界であるということを捏造《ねつぞう》してしまったのである」。したがって、この認識によって目指された〈真の〉世界とを、もう一度生《レーベン》の圏内に引きもどし、それとしてとらえなおすことが、ニヒリズムの克服のためには必要なわけです。しかし、たしかにこれも必要な条件ではありますが、それだけで十分だということにはなりません。

## 生の機能としての芸術

というのは、「力への意志」としての生《レーベン》には、現状確保のための条件である認識よりももっと本質的な機能、つまりより高い可能性へ昂揚するための条件となるもう一つの価値定立作用があるはずだからです。ニーチェによれば、「芸術」こそがそれにほかなりません。芸術とは、「昂揚した生の形象や願望による動物的機能の挑発であり——生命感情を高めるもの、その刺激剤」なのです。つまり、芸術は生《レーベン》の行く手を照らし、それをより高い可能性へと押しやるものだ、というわけでしょう。「芸術は生を可能ならしめる偉大な形成者であり、生への偉大な誘惑者であり、生の偉大な刺激剤である」（ニーチェはこの時代、自分が若いころ精神上の師と仰いだショーペンハウアーの影響を脱し、彼に対して批判的になり、しばしばショーペンハウアーの言葉を転倒させて使ってみせますが、この生の「刺激剤」という言い方も、ショーペンハウアーが芸術を荒れ狂う生命衝動の「鎮静剤」だと言った言い方の転倒なのです）。こうして、生《レーベン》をより高い可能性へと昂揚せしめる芸術は、それ自身生成しつつある存在者にとって、真理よりもいっそう身近で、いっそうふさわしい機能だと言えましょう。「芸術は真理にもましていっそう価値が高い」し、「われわれは真理によって没落してしまわないために、芸術をもっている」わけなのです。

ニーチェは、この時代のほかの遺稿のなかで、「本質的なことは、肉体から出発し、それを手引きとして利用することである。……肉体を信ずることは、精神を信ずることよりもずっとしっかりした根拠をもっている」とか、「肉体の現象は、より豊かな、より明瞭な、よりとらえやすい現象である。だから……肉体に方法的な優先権を与えるべきである」と言っていました。ここで言われている「手引き」とか「方法」というのは、おそらく世界解釈のための、あるいは存在理解のための「手引き」、「方法」

とすると理解してよさそうです。つまり、従来の肉体から浄化された精神を「手引き」とする形而上学的存在論を乗り越えるために、肉体を「手引き」とする新しい存在論を構想すべきだと提唱しているように思われます。ということは、ここでニーチェは、肉体に一つの存在論的機能を認めているということなのですが、その意味がいまやっと明らかになるわけです。

というのも、芸術が何にもまして肉体の所業であることはいうまでもありません。誰かの言いぐさではありませんが、精神が絵を描いている光景など、考えてみようもないことです。ニーチェも、「芸術は潑溂と花開く肉体性が形象や願望の世界へ溢れ出し、流出すること」だと言ったり、さらには、一八八八年に属する『力への意志』のある構想のなかでは「芸術の生理学」という異様な問題の立て方をさえしているくらいです。ニーチェは、まさしく生成する存在者についての創造的経験である芸術にこそ、肉体の存在論的機能を見たのでした。事実彼は、芸術こそが「生《レーベン》」の本来的課題」であり、「生の形而上学的活動」だと言っております。してみれば、もっとも肉体的な機能であり、また肉体の機能の最高次の実現である芸術を認識の圧制から解放して復権せしめることこそが、ニーチェの目指したニヒリズムの克服の決定的方策だった、と見てよさそうです。「われわれの宗教・道徳・哲学は、人間のデカダンス形式である。――その反対運動が、すなわち芸術」とか、「芸術は、生の否定へのすべての意志に対する無比に卓越した対抗力にほかならない、すぐれて反キリスト教的、反仏教的、反ニヒリズム的なものにほかならない」といった彼の言葉が、それを裏づけていましょう。

## 生きた自然の復権

このように、ニーチェの「力への意志」の哲学は、フォアゾクラティカーの断片から読みとれるあの自然観《フュシス》、つまり自然を生きて生成するものと見るあの自然観を復権することによって、形而上学的思考様式やそれと連動している物質的自然観を克服しようと企てるものでした。そこには、二千数百年に及ぶ西洋文化形成の指導理念を根本から否定しようとする意図が働いていると見てよいと思います。この意図は、今世紀の思想家たちによってもそのまま引き継がれます。シェリングやマルクスやニーチェのような先駆的な数人の思想家が、形而上学的思考様式とそれに導かれた西洋の文化形成のゆきづまりを予見し、このようにその克服のプログラムを描いたにしても、形而上学的思考の正嫡ともいうべき技術文明は、むしろ二十世紀に入ってますます猛威をふるうことになるわけですし、知識の領域でも実証主義的・科学主義的な考え方が依然として支配しつづけるわけですから、ニーチェの批判的見地は今世紀の思想家たちによっていっそう厳しく承け継がれねばならなかったのです。

# 終章　十九世紀から二十世紀へ

前章で、近代ヨーロッパ文化の形成原理となった形而上学の克服を企てた三人の思想家、シェリング、マルクス、ニーチェの思想を考察いたしましたが、これをもって私の反哲学史も幕をおろそうと思います。十九世紀にあってはきわめて例外的な思想であり、同時代人にはほとんど無視されていた彼らの思想を再発見し再評価し、そこにあった反哲学というモティーフを承け継ぎ展開したのは二十世紀の思想家たち、たとえばハイデガーでありメルロ＝ポンティであったわけですから、当然この反哲学史も二十世紀にまで及ばなければならないわけですが、「はじめに」にも書きましたように、二十世紀のそうした思想的動向についてはすでに一冊（『現代の哲学』）書いておりますし、十九世紀から二十世紀への世紀転換期の思想の流れについても近々一冊を書くことになっておりますので、それらをご参看いただきたいと思います。いまは、それらへのつなぎの役割を果たしてくれそうな補足を二、三書きくわえて筆を擱《お》くことにいたします。

ご注意いただきたいことの一つは、いまも申しましたように、後期シェリングや初期マルクス、それにニーチェの思想はけっして十九世紀を代表する思想ではない、ということです。たしかに彼らの思想は、二十世紀のいわば反哲学の先駆となるものでしたし、二十世紀の思想動向を強く規定することにはなりますが、しかし彼らの思想が再発見され再評価されるのは、今世紀も三〇年代あたりになってからのことです。それまでは、マルクスの『経哲草稿』のように、まったく知られなかったか、シェリングの後期思想のようにまったく無視されたか、ニーチェの思想のように誤解にさらされつづけるかしてきました。彼らの生きた時代の支配的な思潮は、彼らの思想とはまったく異質なものだったのです。したがって、二十世紀初頭の哲学思想は、彼らの思想を直接引き継いで出発するということにはならず、むしろ十九世紀の主導的な思潮への反発からはじまります。それが、一九三〇年代ころになって彼らの思想を再発見し、その影響下に自分たちの方向を定めてゆく、という進行をするのです。そのあたりの事情を少し補足しておこうと思います。

## 産業革命の時代

十九世紀というのは実に雑然とした曖昧な時代です。ハイデガーがどこかで、十九世紀をうまくとらえようと思うなら、十八世紀の最後の三分の一と二十世紀の最初の三分の一を考え合わせなければならない、と言っておりましたが、いかにもうがった見方だと思います。先にも見たように、ヘーゲルの歿したのが一八三一年ですが、それに先立つ十九世紀最初の三分の一は、前世紀末のフランス革命の余波とその後始末に終始したようなものですから、たしかに十八世紀最後の三分の一とつなげて考えた方が分かりやすそうですし、一方、一八七〇年の普仏戦争以後の十九世紀最後の三分の一は、一九一四年の第一次大戦勃発まで、あるいは一九二〇年代までの二十世紀最初の三分の一とつなげて考えた方が分かりやすそうに思えます。

となると、本当に十九世紀らしい十九世紀は、一八三〇年代から一八七〇年くらいまでということになりますが、たしかにこの時代にはある明確な特徴が認められます。それは、産業革命とその多様な――つまりプラスとマイナスにわたる――影響です。ハイデガーの言う「形而上学が技術として猛威をふるいはじめる」のが、まさしくこの時代だということになりましょう。

十七世紀末に成立したニュートンの力学体系が、ラグランジュ（Joseph Louis Lagrange, 1736―1813）やハミルトン（William Rowan Hamilton, 1805―1865）らの手で一世紀以上かけて形式的に整備され、すべての力学法則が常微分方程式の形で書き表わされるようになり、適用範囲の広い洗練された数理体系に形成されました。産業革命の機動力となった蒸気機関にしても、当初は人力や馬力に代わって鉱山の地下水を汲み上げるという実用的な目的で、職人的技術者によって開発されたものなのですが、数学や力学の知見がくわわることによって大幅に改良され、その効率を飛躍的に高めてゆきます。このように科学と技術が密接に結びつくことによって産業革命が可能になったのですが、まず英仏で進行したこの革命の波が一八三〇年代になるとドイツをも蔽い、十九世紀中葉にはヨーロッパの全域にわたって工業化、都市化が急速に推し進められます。そして、その都市を中心にいわゆる大衆社会と大衆文化が成立してくるのです。いよいよ二十世紀につながる技術文明の時代に入ることになります。

時代のそうした動向を象徴しているのが、一八五一年のロンドンにはじまり、十九世紀後半だけでも欧米の各地で十一回も開催されることになる万国博覧会でしょう。そこには、目覚ましい発展をとげつつある科学技術の粋が集められ展示されました。殊に第一回万博会場としてロンドンのハイド・パークに鉄骨とガラスだけを使って建てられたクリスタル・パレス（水晶宮）は、科学技術によって制御されつくした未来社会を象徴的に示すものとして、人びとに強い衝撃を与えたようです。この万博の話を伝え聞いたドストエフスキーが、後日『地下室の手記』（一八六四年）で、すべてが合理化され、いわば素透しになった未来社会のシンボルにこのクリスタル・パレスを使い、それに絶望的な抵抗を試みていることはよく知られていましょう。彼にしてもボードレールにしても、一般に芸術家たちは、時代のこうした動向に強い拒否反応を示しています。

**力学的自然観の完成**

ドストエフスキー

話を自然科学に返しますと、十九世紀に入るあたりから、力学のほかにも熱力学、電磁気学、化学といった新しい分野が形成されてきます。これら物理学の新たな分野は、どちらかと言うと産業技術の副産物として生まれてきたもので、当然はじめのうちは、熱、電気、磁気、化学反応といった諸現象が、たがいに無関係にそれぞれ独立に研究されていました。ところが、一八四〇年代に入ると、これらの諸現象が仕事をする能力つまりエネルギーをもつという点で等価的であり、しかも相互に変換可能だと考えられるようになります。熱や電気が機械力に変換されたり、電気が熱に、熱が電気に変換されるということが発見されたのです。一八四七年にドイツのヘルムホルツ(Hermann Ludwig Ferdinand von Helmholtz, 1821—1894)が、そうしたエネルギーは、その形はさまざまに変わっても、総量は一定であるという「エネルギー恒存の法則」を数学的に証明してみせました。こうして、力学を中心にして光学、熱力学、電磁気学、化学などを包摂する古典物理学の体系が完成され、「力学的自然観」が成立します。

しかし、そうなると、生体内部で働いているのも神秘的な生命力などではなく、形を変えたエネルギーだと考えたくなります。ラヴォアジェ(Antoine Laurent de Lavoisier, 1743—1794)にはじまる生体内化学過程の研究が、十九世紀に入ると有機化学の発達に促がされて急速に進み、一八四〇年代にはベルリンにおいて、ヘルムホルツを中心とする若い研究者たちが徹底した機械論的立場での生理学を提唱します。そのグループの一人が当時、友人に宛てた手紙のなかで次のように言っていますが、いかにも当時の知的状況をよく示しています。

有機体のなかには、普遍的な物理・化学的な力以外にいかなる力も働いていない。今日この力によって説明しえないばあいにも、われわれは物理・数学的方法によってこの力の特殊な働き方なり働きの形式なりを見いだすか、それとも物質に内在する化学・物理的力と等しい尊厳をもち、引力と斥力に還元しうるような新しい力を想定するかしなければならないのだ。

やがてこのヘルムホルツ学派がドイツ・オーストリーの主要な大学の医学部や研究所のポストを独占することになりますが、このように機械論化された生理学を基盤に、一八五〇年代、六〇年代に一群の生理学者・生物学者たちが機械的因果法則によって人間の意識をもふくめたいっさいの事象を説明しようとする唯物論的世界観を提唱します。のちに俗流唯物論と蔑称されることになるビュヒナー（Ludwig Büchner, 1824—1899）、フォークト（Karl Vogt, 1817—1895）、モレスコット（Jakob Moleschott, 1822—1893）らの思想がそれです。当時のロシアの流行作家トゥルゲーネフの作品『父と子』（一八六二年）などを読みますと、主人公のバザーロフがしきりにこの種の世界観をふりまわしてみせていますから、やはりこれが当時の新思想ではあったようです。

## 人間科学の成立

こうした動きと連動して、十九世紀後半には心理学・歴史学・社会学・言語学といった人間諸科学が形成されることになります。むろん心理現象や社会現象、歴史や言語についての研究は古代ギリシア以来ありましたが、それまでこれらの研究は哲学の一分科としておこなわれてきていたのが、この時期に自然科学の方法を模倣することによって実証科学として形成されることになったわけです。

心理現象の研究は、それまでも哲学のかなり重要な一分科を占めていました。その際採られた基本的方法は「内観法」と呼ばれ、研究者自身が自分の心理体験を反省して、それをたとえば知・情・意という三つのジャンルに分類し、それをさらに小分けして考察してゆくというやり方でした。しかし、こうした方法で得られる成果は、反省をしている当人にとってはどれほど明々白々なことであっても、十分な客観性を保証されているとは言えません。そこで、一八七〇年代に、ヘルムホルツの弟子の一人であるヴィルヘルム・ヴント（Wilhelm Max Wundt, 1832—1920）が、感覚生理学から出発して、もっと客観的な心理学の樹立を目指します。彼は一八七九年にライプチヒ大学に世界最初の心理学実験室を創設し、たとえば複数の被験者に同じ刺戟を与えてどのような感覚を感じたかを確かめるといった客観的な方法による、心理現象の実験的研究を企てました。こうした研究を彼自身は生理学的心理学と呼び、一般には実験心理学と呼んでいましたが、ここで心理学は哲学から脱皮し、実証科学として自立したことになります。

その際心理学は、ちょうど物理学が複雑な物理現象を単純な質点の運動に還元し、それを複合することによって説明しようとしたのと似たようなやり方で、複雑な心理現象を「感覚」という単純な要素に還元し、それを複合することによって説明しようとしました。物理学からいわば「要素還元主義」とでもいった方法を学んで、それを心理現象に適用しようとしたわけです。ここで想定された「感覚」なるものは、物理的過程である「刺戟」と一対一の対応関係にあり、そこには、刺戟が強まれば感覚の度も高まるという量的比例関係さえ成り立つとみなされました。したがって、この関係を媒介とすることによって、心理現象も間接的に物理的世界のうちに位置づけられることになります。新たに発足した心理学も、物理的世界を究極の実在と認め、自分たちの研究対象である心理現象をなんらかの仕方でそこに位置づけることによってはじめて科学になりうるのだと考えていたわけなのでしょう。

ドイツでは、すでに十九世紀前半に、心理学に先立って歴史学が、世界史の動きを規定している原理をもとめるといった従来の歴史哲学から脱皮し、実証科学たらんとしていました。厳密な史料批判にもとづいて個々の歴史的事実を客観的に確認してゆこうとするそうした近代実証史学を提唱したのは、ランケ（Leopold von Ranke, 1795—1886）です。社会現象についての研究も、それまでは社会哲学として展開され、たとえば社会制度を個々の主観的精神の客観化されたもの、つまり客観的精神としてとらえ、その客観化の際に働く心理的メカニズムを解明するというやり方をしていましたが、十九世紀末にフランスのデュルケーム（Emile Durkheim, 1858—1917）やその弟子たちによって、社会的事実を「物」として扱おうとする科学としての社会学が確立されます。

言語についての研究も同様で、それまでは言語の起源について思弁をめぐらすといったような言語哲学が支配的だったのですが、十八世紀の末にウィリアム・ジョーンズ（William Jones, 1746—1794）というイギリスの裁判官によって、インドで古く使われていたサンスクリットが発見され、それがヨーロッパの諸言語と同族であることが確認されて以来、印欧諸語の精密な比較研究がおこなわれ、科学として言語学が確立されました。これが十九世紀中葉に、その精密度を飛躍的に高めていったのです。

このように、時間に多少前後の差はありますが、ほぼ十九世紀の中葉に、人間的諸事象の研究が、なんらかの仕方で自然科学の方法を模倣し、科学として自立してゆくのですが、こうした科学主義的動向は学問に限らず他の分野にも及んでゆきます。たとえばフランスのテーヌ（Hippolyte Adolphe Taine, 1828—1893）は科学的文芸批評を企てますし、やはりフランスの自然主義作家エミール・ゾラ（Emile Zola, 1840—1902）は、クロード・ベルナール（Claude Bernard, 1813—1878）の『実験医学序説』（一八六五年）に刺戟されて科学的な「実験小説」を試みます。エンゲルス（Friedrich Engels, 1820—1895）も『空想から科学への社会主義の発展』（一八八〇年）において社会主義思想の科学化を目指しています。

　人間的諸事象に、このように多少無理をしてまでも自然科学的方法を押しつけようとする当時の傾向が、後年「実証主義《ポジティヴィズム》」と呼ばれることになります。「実証主義」というこの言葉は、フランスのサン＝シモン（Claude Henri de Rouvroy Saint-Simon, 1760—1825）やコント（Auguste Comte, 1798—1857）らによって使われはじめ、今日にいたるまで肯定否定さまざまなニュアンスで使われてきている言葉ですが、このばあいはかなり漠然とした意味合いで、軽蔑的に使われています。世紀末になってから、十九世紀中葉の上のような動向がかなり軽蔑的に「実証主義」と呼ばれることになったのですが、これは「唯物論」「機械論」「自然主義」といった言葉と置き換えてもよいようなかなり漠然とした意味合いであったと言われます。

### 実証主義への反逆

こうして、十九世紀中葉の特質を「科学至上主義」と「実証主義」に見ることができますが、十九世紀も九〇年代に入りますと、哲学や人間諸科学の領域で、こうした動向への反省、反逆がはじまります。アメリカの思想史家スチュアート・ヒューズ(Stuart Hughes, 1916—　)が『意識と社会』(一九五八年)において一八九〇年から一九三〇年の間のヨーロッパ社会思想のみごとな分析をしていますが、彼は一八九〇年代を「実証主義への反逆」の時代と呼んでいます。この反逆運動は、個別科学の内部でも、またもっと広い視野のもとにも、実に多様なかたちで展開されます。

個別科学内部での実証主義への反逆というのは妙に聞こえるかもしれませんが、それはこういうことなのです。つまり、心理学、歴史学、社会学、言語学といった人間諸科学は、先に述べたような方向で科学として自立したわけですが、これら諸科学が科学になるために当初採用した方法論、つまり自然科学の方法をなんらかの仕方で模倣して組み立てられた方法論が、やがてこれらの諸科学を袋小路に追いこむことになったため、前世紀末から今世紀前半にかけてこれらの諸科学が根本的な方法論的反省を強いられ、遅速の差はあってもなんらかの方法論的改革を企てざるをえなくなるのです。たとえば心理学の領域での「ゲシュタルト心理学」やフロイトの「精神分析」、歴史学の領域でのアナール派の「社会史」、社会学の領域でのマックス・ウェーバーの「理解社会学」やレヴィ＝ストロースの「構造人類学」、言語学の領域でのソシュールにはじまる「構造言語学」などは、すべてそうした方法論的改革の企てと見ることができそうです。

物理学の領域においてさえも、十九世紀末には、大きな対立が起こっています。それは、力学を中心に置き、熱、電磁気、化学反応といった他のすべての物理現象は、結局は力学的過程に還元されうると主張するヘルムホルツやイギリスのケルヴィン（Kelvin、本名はWilliam Thomson, 1824—1907）らの「力学主義」と、物理学の諸学科はすべて、エネルギーが相互に転換しあう現象を記述するそれなりの仕方にすぎず、力学にだけ特権を認める必要はないと主張するオストワルト（Friedrich Wilhelm Ostwald, 1853—1932）やマッハ（Ernst Mach, 1838—1916）らの「現象学的物理学」の対立です。前者は原子の存在に固執したため原子派《アトミスティク》と呼ばれ、後者はエネルギー一元論を説いたためエネルギー派《エネルゲティク》と呼ばれたので、この対立は「アトミスティク」と「エネルゲティク」の対立とも呼ばれますが、いずれにせよ、「現象学的物理学」ないし「エネルゲティク」には、やはり実証主義への反逆と見てよい思想動機が認められます。

二十世紀初頭の哲学思想は、直接間接にこうした個別科学の領域での反実証主義的な方法論的改革の動きに促され、それと連動し、あるいはそれを先取りしながら出発することになります。たとえば世紀の初頭にドイツの哲学者フッサール（Edmund Husserl, 1859—1938）によって提唱された「現象学」がマッハの「現象学的物理学」に強く触発されて構想されたものだといったことは、すでによく知られていることです。こうして発足した二十世紀の哲学思想が、やがてフッサールの弟子のハイデガーによって再発見された後期シェリングやニーチェの思想によってその方向を明確に定めてゆくことになるのですが、そのあたりの事情については先にふれた『現代の哲学』やその他の本のなかですでに書いておりますので、それをご参看願うことにして、ここでひとまずこの反哲学史の筆を擱くことにいたします。

# 原本あとがき

本を書きはじめるのはそれほど難しくありませんが、書き終えるのは難しいものです。大学の講義ですと時間切れということで適当に終えることができますが、本となるとそうもいきません。この本も、第十章でプツンと終えてしまい、あとは『現代の哲学』にゆずるということにしようかとも思ったのですが、どうも無責任な感じがして「終章」を書きくわえてしまいました。これがよかったのかどうか、自分でもよく分かりません。むろんこのまま書き継いで二十世紀の思想に話をつなげることもできるのですが、そうなると、さらに本書の半分くらいの量を書き足すことになりそうですし、それはいいとしても、第十章までの話と話の尺度《スケール》が変わってしまうことになります。十九世紀から二十世紀にかけての思想史は、やはりそれなりの尺度《スケール》でそれだけまとめる方がよさそうです。ですから「終章」はずいぶん中途半端なものになり、無くもがなの思いが残ります。

二十世紀の哲学思想については、いまもふれましたように、すでに『現代の哲学』

（講談社学術文庫）を書いていますし、それ以外にも私がこれまで書いてきた『現象学』『ハイデガーの思想』（いずれも岩波新書）、『ハイデガー』『メルロ＝ポンティの思想』『哲学と反哲学』（いずれも岩波書店）がいずれもその消息にふれています。近いうちに十九世紀から二十世紀への世紀転換期の思想史も一冊書くことになっています。それらを御参看いただければ幸いです。

この本をつくるにあたっては、講談社学術文庫出版部の池永陽一さんになにくれとなくお世話になりました。厚く御礼申し上げます。

一九九五年一月十八日

木田　元

# この本は『存在についての短い歴史』であり、すべての人が陥る「絶対視の原理」から抜け出ることができる

保坂和志

## 1　長い前段

『反哲学史』と題されたこの本は、「です」「ます」調の語り口からしていかにも入門書の外見をしているけれど、今回ほぼ四年ぶりに読み直してみて、内容の豊かさに驚いた——というか、初読以来の四年間にこの本を読み返していなかったことを後悔した。

私のように大学で哲学を勉強したわけでなく、ただ「好きだから」「興味があるから」という理由だけで哲学の本を読み散らかしている人間にとって、「ニーチェは少しは知っているけれど、デカルトは全然知らない」というのは珍しくない。哲学の本というのは、どれか一冊を読み通すのがすでにかなり骨で、一人二人を読むことはできても五人六人と読むことは、特殊な才能か事情でもないかぎり不可能に近いんじゃないかと思う。そこでついつい

『哲学思想辞典』のような辞書の類いで、デカルトやカントについて手軽に調べることになるのだけれど、このやり方には欠点がある。

たとえば、ドイツならドイツの気候について知りたいと思ったときに、ドイツの年間の気温の変化や降水量についていくら綿密に説明されても、それだけではわかったことにならない。ドイツの気候の特性を知るためには、周辺の国との比較が必要だし、さらには地球全体の、熱帯から寒帯に至る気候の分布図があった方がもっとずっとわかりやすくなる。

『哲学思想辞典』の類いの欠点はここにあって、デカルトならデカルトについて説明されていても、デカルトの考えた〈存在〉がそれ以降のカントとどう違っているのか、もともとカントすら知らない人間にとってはわからない。人間というのは、「何々は××である」と言われるだけではなかなか理解できないようになっていて、「車はタイヤが四つである。それに対して、自転車はタイヤが二つである」という風に、要点を比較されてはじめて納得できるようになっているものなのだ。

つまり、一人の哲学者についていくら厳密に説明されても、他との違いが説明されないとどうしてもピンとこないし、場合によってはその哲学者の言っていることだけが絶対になってしまう。これはじつはかなり深刻な弊害で、九五年の『ソフィーの世界』のベストセラー以来、日本でもちょっとした哲学ブームがつづいていて新書レベルの読みやすい本が何冊も出ているけれど、どれもその著者が専門にしている哲学者の立場によって書かれているために、新書レベルの哲学入門書は、じつはいくら読んでも、〈存在〉なり〈世界〉なりについての見通しがよくはならない。

話が少しそれてしまうけれど、『ソフィーの世界』以来の哲学ブームで問題にされているのは、「〈私〉とは何か」「〈生きる〉とはどういうことか」ということなのだけれど（だいたい『ソフィーの世界』そのものがそういう本だったのだから）、この『反哲学史』を読んでいると、哲学に〈私〉とか〈人生〉とかの解決を求めるのが、そもそも間違いなんじゃないかということがわかってくる。哲学が問題にしてきたことは、〈世界が存在すること〉であって、〈私が存在すること〉ではない。デカルトの「我思うゆえに我あり」という有名な言葉にしても、思索の出発点であって結論ではない。デカルトは〈我〉について考えたのではなくて、その〈我〉が〈世界〉をどう考えるかということを言ったのだ。

そういうわけで、哲学は〈我〉とか〈人生〉についての答えは出さない。しかし哲学は、〈私〉とか〈人生〉についての悩みを取り払ってくれる。

哲学について話すときに、哲学の効用を持ち出すのはすでに哲学に対する大きな誤りだけれど、悩みが消えるのは大きな効用だ。哲学に必要なのは、〈悩み〉ではなくて〈疑問〉だからだ。〈世界〉とか〈存在〉とかについて、哲学者の思索を追ったり、自分なりに考えたりしているうちに、〈私〉とか〈人生〉とかは忘れている。

「この宇宙と比べて自分はなんてちっぽけな存在だったんだろう」という言い方とはちょっ

と違うけれど、〈世界〉とか〈存在〉とかについて考えていると、自分どころではなくなってしまう。五行前を読んで「〈悩み〉と〈疑問〉は同じじゃないか」と思った人がいるだろうけれど、〈世界〉とか〈存在〉とかについて書かれた本を読んでいるうちに、〈疑問〉が〈悩み〉と別のものであることがはっきりとわかってくるはずだ。

## 2　本題

さてこれからが本題なのだが、八九年に翻訳が出ていまだに版を重ねている『ホーキング、宇宙を語る』という本の原題は『時間についての短い歴史（A BRIEF HISTORY OF TIME）』という。この原題はTIMEが「時間」であるだけではなくて、HISTORYも「歴史」という時間でありBRIEFも「短時間」という時間を表しているという、とても洒落のきいたイギリス人らしい仕掛けになっているのだけれど、そういう言葉の遊びはおいておくとして、ホーキングを真似て言うなら、この本は『存在についての短い歴史』ないし『認識についての短い歴史』というのが一番内容にふさわしい題名なんじゃないかと思う。

著者自身、「カント哲学そのものは、このようにまことに壮大な体系であり、汲めども尽きない深い含蓄を秘めたものなのですが」（一六七ページ）と書いているように、この本は〈存在〉ないしそれを〈認識〉する人間の側のメカニズムに焦点を絞って書かれているので、切り捨てた部分は文字どおり山ほどあるだろうけれど、存在論の展開という点からは本当に素晴らしい展望を得ることができる。

一九九〇年代は、宇宙論、遺伝、コンピュータ、脳……と、急速に科学が脚光を浴びた時代で、現象面から言ったら哲学が苦戦を強いられた時代だったことは否定できない。一見華やかな新書レベルの哲学入門書なんかの出版も末期的な現象の一つだと私は思う。しかしこの本に書かれている存在論の歴史は、時代が科学の時代になったからこそなおさら重要なのだ。

たとえば、ホーキングと共同研究をし、自身も『皇帝の新しい心』などの著書のあるペンローズは出身が数学者であって、「私は世界はプラトン的なイデアによって成り立っていると考える」と『心は量子で語れるか』の中で明言している。また、脳科学の古典になりつつある『ビジョン―視覚の計算理論と脳内表現―』という本を書いたマーは、人間の視覚を研究するにあたって、「世界とそれを認識する人間は決して単純に分けられるものではないが、研究の初期段階としてまずは、デカルト的な世界観によって視覚がいかにして外界を捉えているかを記述することにする」という趣旨のことを書いている。

またたとえば、一三四・一三五ページにあるデカルトの、人間認識一般に適用可能な広義の「普遍学」という構想を読むと、人間や社会までも記述しうると主張する「複雑系」を連想するし、一六一ページのカントの「物自体」と「現象」の区別を読んでいると、量子力学などで問題にされている「観測問題」や世界を記述する人間の認識の限界についての議論を連想したりする（——となると、ヘーゲルの「絶対精神」は科学の後退であり、さしずめ「唯脳論」あたりだろうか）。

と、こんなことを並べて私が何を言いたいのかというと……。

科学者（ないし科学）それぞれがじつは研究対象（＝世界・存在）に対して何通りもの立場を取っているわけではなくて、ある人（研究）はデカルト的であり、ある人（研究）はカント的であり、と、それぞれ限定された世界観に立って対象を見ている、ということ。そして、それによって描き出される世界像（つまり〝宇宙の実態〟なり〝遺伝の実態〟なり）は、存在論の歴史的な変遷を考え合わせれば、必然的に相対的なものであって決して究極の真理ではない、ということ。この二つをこの本は教えてくれているのだ。

私は十二年間カルチャーセンターの企画をして（そこで著者の木田先生にも講座をお願いして、いまにいたるおつきあいが始まったのだが）そこに受講生として集まる人たちをたくさん見てきて知っているのだが、ほぼ例外なくみんな、自分の得た知識を絶対に近いものと思ってそれを尺度にしていろいろなものを測ろうとしていた。それはカルチャーセンターの受講生だけでなくて、さきに挙げた哲学の入門書の著者たちも科学者たちも同じことで、自分の思想的な根拠をある程度絶対視しなければ思索や研究を構築することはできない。しかしそれはそれをする個人の問題であって、読者である私たちまでがその「絶対視の原理」（いま思いついた造語だけど）に巻き込まれなければならない理由はない。それら「絶対視の原理」から抜け出て、それぞれの思索や研究とある程度距離をとって付き合えるようになるための指針として、この本は最適だと思う。

では、そういう視線を木田先生自身はどうして得ることができたのだろうか？　それはたぶん、ニーチェからハイデガーにいたる〈反哲学〉つまり形而上学の破壊の成果なのだと思う。だからこの本を読んだら、木田先生の『現代の哲学』や『哲学と反哲学』へ進むのが自然なのかもしれないけれど、まずはもう一度この本を読み直してみるのが一番いいんじゃないかと思う。そしてそのあとは、遺伝なり脳なり、科学の本へと行ってしまう手もあるし、ここで取り上げられているカントやヘーゲルに行く手もあると思うのだけれど、とにかく出発点はこの『反哲学史』なんじゃないかと思う。

（小説家）

# 参考文献

不必要に文献を並べても仕方がありませんので、直接引用したもの、私がその章を執筆するのに直接示唆を受けたもの、しかも日本語で読めるものに限りました。章ごとに分けてありますので、重複するものもありますが、既出のものはその旨指示してあります。翻訳が数種あるばあいには、入手の便宜と翻訳の良否を勘案して一つだけ選びました。現在入手困難なものものその旨記しました。


## はじめに

メルロ＝ポンティ『見えるものと見えないもの』（滝浦静雄・木田元訳、みすず書房）
ツヴァイク『昨日の世界』（原田義人訳、みすず書房）
木田元『現代の哲学』（講談社学術文庫）

## 第一章

アリストパネス『雲』（高津春繁訳、岩波文庫）
クセノフォン『ソークラテースの思い出』（佐々木理訳、岩波文庫）
プラトン『ソクラテスの弁明・クリトン』（久保勉訳、岩波文庫）

〃　『饗宴』（久保勉訳、岩波文庫）
田中美知太郎『ソクラテス』（岩波新書）
〃　『ソフィスト』（筑摩書房）
ヘロドトス『歴史』（松平千秋訳、岩波文庫）

第二章

プラトン『国家』（藤沢令夫訳、岩波文庫）
キルケゴール『イロニーの概念』（飯島宗享・福島保夫訳、白水社「キルケゴール著作集」第二〇・二一巻）
斎藤信治『ソクラテスとキェルケゴール』（学芸書房）――入手困難
ニーチェ『人間的な、あまりに人間的な』（浅井真男訳、白水社「ニーチェ全集」第一期第六・七巻）

第三章

プラトン『ソクラテスの弁明・クリトン』（既出）
〃　『饗宴』（既出）
『プルターク英雄伝』（河野与一訳、岩波文庫）
アリストパネス『雲』（既出）

ヘーゲル『哲学史講義』（長谷川宏訳、河出書房新社）
キルケゴール『イロニーの概念』（既出）

## 第四章

『初期ギリシア哲学者断片集』（山本光雄訳編、岩波書店）
伊東俊太郎「自然」（平凡社『大百科事典』）
丸山真男「歴史意識の〈古層〉」（筑摩書房『忠誠と反逆』所収）
ソフォクレス『オイディプス王』（藤沢令夫訳、岩波文庫）
ハイデガー『形而上学入門』（川原栄峰訳、平凡社ライブラリー）
ニーチェ『ギリシア人の悲劇時代の哲学』（西尾幹二訳、白水社「ニーチェ全集」第一期第二巻）

## 第五章

プラトン『国家』（既出）
アリストテレス『形而上学』（出隆訳、岩波文庫）
丸山真男「歴史意識の〈古層〉」（既出）
ハイデガー『ニーチェ』（細谷貞雄訳、理想社「ハイデガー選集」第二四・二五巻）

第六章
ディオゲネス・ラエルティオス『ギリシア哲学者列伝』（加来彰俊訳、岩波文庫）
アイリアノス『ギリシア奇談集』（松平千秋・中務哲郎訳、岩波文庫）
アリストテレス『形而上学』（既出）
〃　『自然学』（出隆・岩崎允胤訳、岩波書店「アリストテレス全集」第三巻）
ハイデガー「ピュシスの本質と概念について。アリストテレス『自然学』B・1」（辻村公一訳『道標』、創文社「ハイデガー全集」第九巻所収）

第七章
デカルト『方法序説』（野田又夫訳、中央公論社「世界の名著」第二七巻）
〃　『省察』（三木清訳、岩波文庫）

第八章
カント『純粋理性批判』（天野貞祐訳、講談社学術文庫）
〃　『実践理性批判』（波多野精一ほか訳、岩波文庫）
〃　『判断力批判』（篠田英雄訳、岩波文庫）
ハイネ『ドイツ古典哲学の本質』（伊東勉訳、岩波文庫）

第九章
ヘーゲル『精神現象学』（金子武蔵訳、岩波書店「ヘーゲル全集」第四巻）
ルカーチ『若きヘーゲル』（生松敬三・元浜清海・木田元訳、白水社「ルカーチ著作集」第一〇・一一巻）

第十章
シェリング『人間的自由の本質』（西谷啓治訳、岩波文庫）
ローゼンクランツ『ヘーゲル伝』（中埜肇訳、みすず書房）
キルケゴール『死に至る病』（斎藤信治訳、岩波文庫）
サルトル『実存主義とは何か』（伊吹武彦訳、人文書院「サルトル全集」第一三巻）
マルクス『経済学・哲学草稿』（城塚登・田中吉六訳、岩波文庫）
〃　「フォイエルバッハに関するテーゼ」（エンゲルス『フォイエルバッハ論』松村一人訳、岩波文庫）
ニーチェ『悲劇の誕生』（塩屋竹男訳、ちくま文芸文庫「ニーチェ全集」第二巻）
〃　『遺された断想』（白水社「ニーチェ全集」第二期第八—一二巻）
ショーペンハウアー『意志と表象としての世界』（斎藤忍随ほか訳、白水社「ショーペンハウアー全集」第二—七巻）
ハイデガー『ニーチェ』（既出）

## 終　章

ドストエフスキー『地下室の手記』（江川卓訳、新潮文庫）
上山安敏『フロイトとユング』（岩波書店）
トゥルゲーネフ『父と子』（金子幸彦訳、岩波文庫）
スチュアート・ヒューズ『意識と社会』（生松敬三・荒川幾男訳、みすず書房）
木田元『哲学と反哲学』（岩波書店）

〈タ　行〉



〈ナ　行〉



〈ハ　行〉



〈マ　行〉



〈ラ　行〉

# 書名索引

〈マ　行〉



〈ヤ　行〉



〈ラ　行〉

# 人名索引

## 〈ア　行〉



## 〈カ　行〉



## 〈サ　行〉

木田　元（きだ　げん）

1928年山形県生まれ。東北大学文学部哲学科卒業。中央大学文学部教授を経て，現在，中央大学名誉教授。著書に『現代の哲学』『哲学と反哲学』『メルロ＝ポンティの思想』『ハイデガー』『ハイデガーの思想』，訳書にフェルマン『現象学と表現主義』，メルロ＝ポンティ『眼と精神』『行動の構造』『見えるものと見えないもの』等多数がある。2014年，逝去。

---

講談社学術文庫

定価はカバーに表示してあります。

反哲学史《はんてつがくし》
木田《きだ》　元《げん》

2000年４月10日　第１刷発行
2024年６月24日　第29刷発行

発行者　森田浩章
発行所　株式会社講談社
東京都文京区音羽2-12-21 〒112-8001
電話　編集（03）5395-3512
販売（03）5395-5817
業務（03）5395-3615
装　幀　蟹江征治
印　刷　株式会社ＫＰＳプロダクツ
製　本　株式会社国宝社


ISBN4-06-159424-9

# 「講談社学術文庫」の刊行に当たって

これは、学術をポケットに入れることをモットーとして生まれた文庫である。学術は少年の心を養い、成年の心を満たす。その学術がポケットにはいる形で、万人のものになることは、生涯教育をうたう現代の理想である。

こうした考え方は、学術を巨大な城のように見る世間の常識に反するかもしれない。また、一部の人たちからは、学術の権威をおとすものと非難されるかもしれない。しかし、それはいずれも学術の新しい在り方を解しないものといわざるをえない。

学術は、まず魔術への挑戦から始まった。やがて、いわゆる常識をつぎつぎに改めていった。学術の権威は、幾百年、幾千年にわたる、苦しい戦いの成果である。こうしてきずきあげられた城が、一見して近づきがたいものにうつるのは、そのためである。しかし、学術の権威を、その形の上だけで判断してはならない。その生成のあとをかえりみれば、その根は常に人々の生活の中にあった。学術が大きな力たりうるのはそのためであって、生活をはなれた学術は、どこにもない。

開かれた社会といわれる現代にとって、これはまったく自明である。生活と学術との間に、もし距離があるとすれば、何をおいてもこれを埋めねばならない。もしこの距離が形の上の迷信からきているとすれば、その迷信をうち破らねばならぬ。

学術文庫は、内外の迷信を打破し、学術のために新しい天地をひらく意図をもって生まれた。文庫という小さい形と、学術という壮大な城とが、完全に両立するためには、なおいくらかの時を必要とするであろう。しかし、学術をポケットにした社会が、人間の生活にとってより豊かな社会であることは、たしかである。そうした社会の実現のために、文庫の世界に新しいジャンルを加えることができれば幸いである。

一九七六年六月　　野間省一